2,286 TRADITIONAL STENCIL DESIGNS

H. Roessing

A JOINT PUBLICATION OF
THE ATHENAEUM OF PHILADELPHIA AND
DOVER PUBLICATIONS, INC., NEW YORK

Published in Canada by General Publishing Company, Ltd., 30 Lesmill Road, Don Mills, Toronto, Ontario.
Published in the United Kingdom by Constable and Company, Ltd., 3 The Lanchesters, 162–164 Fulham Palace Road, London W6 9ER.

This Athenaeum of Philadelphia/Dover edition, first published in 1991, is an unabridged republication of two catalogs (ca. 1918 and ca. 1920) of *"Excelsior" Fresco-Stencils*, originally published by H. Roessing, Chicago. A preface and a publisher's note have been written specially for the present edition.

DOVER *Pictorial Archive* SERIES

Manufactured in the United States of America
Dover Publications, Inc., 31 East 2nd Street, Mineola, N.Y. 11501

Library of Congress Cataloging-in-Publication Data

Roessing, H.
2,286 traditional stencil designs / H. Roessing.
p. cm. — (Dover pictorial archive series)
"An unabridged republication of two catalogs (ca. 1918 and ca. 1920) of Excelsior fresco-stencils, originally published by H. Roessing, Chicago".
ISBN 0-486-26845-4
1. Stencil work—Catalogs. I. Title. II. Series.
NK8654.R64 1991
745.7'3—dc20 91-16331
CIP

PREFACE TO THE ATHENAEUM/DOVER EDITION

THIS REPRINT EDITION OF two catalogs (ca. 1918 and ca. 1920) of *"Excelsior" Fresco-Stencils* is one in a series of reprints of books and trade catalogs published by special agreement between The Athenaeum of Philadelphia and Dover Publications, Inc. The objective of this series is to make available to the greatest possible audience rare and often fragile documents from the extensive collections of The Athenaeum in sturdy and inexpensive editions.

The Athenaeum of Philadelphia is an independent research library with museum collections founded in 1814 to collect materials "connected with the history and antiquities of America, and the useful arts, and generally to disseminate useful knowledge." It is housed in a handsomely restored National Historic Landmark building near Independence Hall in the heart of the historic area of Philadelphia.

As the collections expanded over the past 175 years, The Athenaeum refined its objectives. Today the library concentrates on nineteenth- and early twentieth-century social and cultural history, particularly architecture and interior design where the collections are nationally significant. The library is freely open to serious investigators, and it annually attracts thousands of readers: graduate students and senior scholars, architects, interior designers, museum curators and private owners of historic houses.

In addition to 130,000 architectural drawings, 25,000 historic photographs and several million manuscripts, The Athenaeum's library is particularly rich in original works on architecture, interior design and domestic technology. In the latter area the publications of manufacturers and dealers in architectural elements and interior embellishments have been found to be particularly useful to design professionals and historic house owners who are concerned with the restoration or the recreation of period interiors. Consequently, many of the reprints in this series are drawn from this collection. The Athenaeum's holdings are particularly strong in areas such as paint colors, lighting fixtures, wallpaper, heating and kitchen equipment, plumbing and household furniture.

The modern Athenaeum also sponsors a diverse program of lectures, chamber music concerts and exhibitions. It publishes books that reflect the institution's collecting interests, and it administers several trusts that provide awards and research grants to recognize literary achievement and to encourage outstanding scholarship in architectural history throughout the United States. For further information, write The Athenaeum of Philadelphia, East Washington Square, Philadelphia, PA 19106-3794.

ROGER W. MOSS
Executive Director

PUBLISHER'S NOTE

THE ART OF STENCILING is thought to have originated in China, where, in contrast to modern techniques, stencil designs were created by means of numerous pinpricks into impervious materials through which powdered charcoal was forced onto the surface to be decorated. Subsequently developed by the Egyptians, the Romans, the Japanese and the Eskimo of the Baffin Islands, stenciling reached its apogee as a fine art in the hands of anonymous artists during the Renaissance in Europe, at which time it acquired its modern name. The word "stencil" is derived from the Middle French *estanceler* (to make sparkle) and, beyond that, from the Latin *scintilla* (a spark). The now familiar cut-out paper stencil, of the kind advertised by Roessing in the two catalogs reprinted in the present volume, is a relatively late development in the art's history. Printing stencil designs on paper became economically feasible only with the advent of the cheap manufacture of paper during the early decades of the nineteenth century.

The two Roessing catalogs of *"Excelsior" Fresco-Stencils* (ca. 1918 and ca. 1920) reprinted here display a remarkable variety of styles and motifs, derived from the art of North America, Europe and Asia. Depictions include architectural structures—arches, cornices, pedestals and capitals—fretwork and continuous borders, gargoyles, heraldic devices, landscapes, animals, birds, portraits and religious symbols. Stylistic influences range from Doric and Ionic Greek to medieval Gothic and the intricate foliation of sixteenth-century Persian art.

In the present Athenaeum of Philadelphia/Dover edition, the contents of the two catalogs have been reprinted unabridged and include the folios, running feet and price list of the original publications. However, the original front cover and the "To the Trade" notice, which appear on pages 1 and 2 of the present volume, have not been reproduced at the beginning of the second catalog because they are identical to those of the earlier catalog. In addition, although the order of the original publications has been retained, almost every page in the present volume contains two of the narrow pages of the original catalogs. The original designs have also been slightly enlarged. At the bottom of each page of the present volume, a new folio in square brackets has been added. The hiatus in the original pagination between the old page numbers 180 and 211 is occasioned by the original break between the two catalogs. It should be noted that at the time of original publication, the swastika design depicted in the second Roessing catalog did not have the political connotations it has now. Formerly, the design had a talismanic or religious value and is found in the art of ancient Persia, India, China, Japan and among the tribes of North, Central and South America.

"Excelsior" Fresco-Stencils
catalog (ca. 1918)

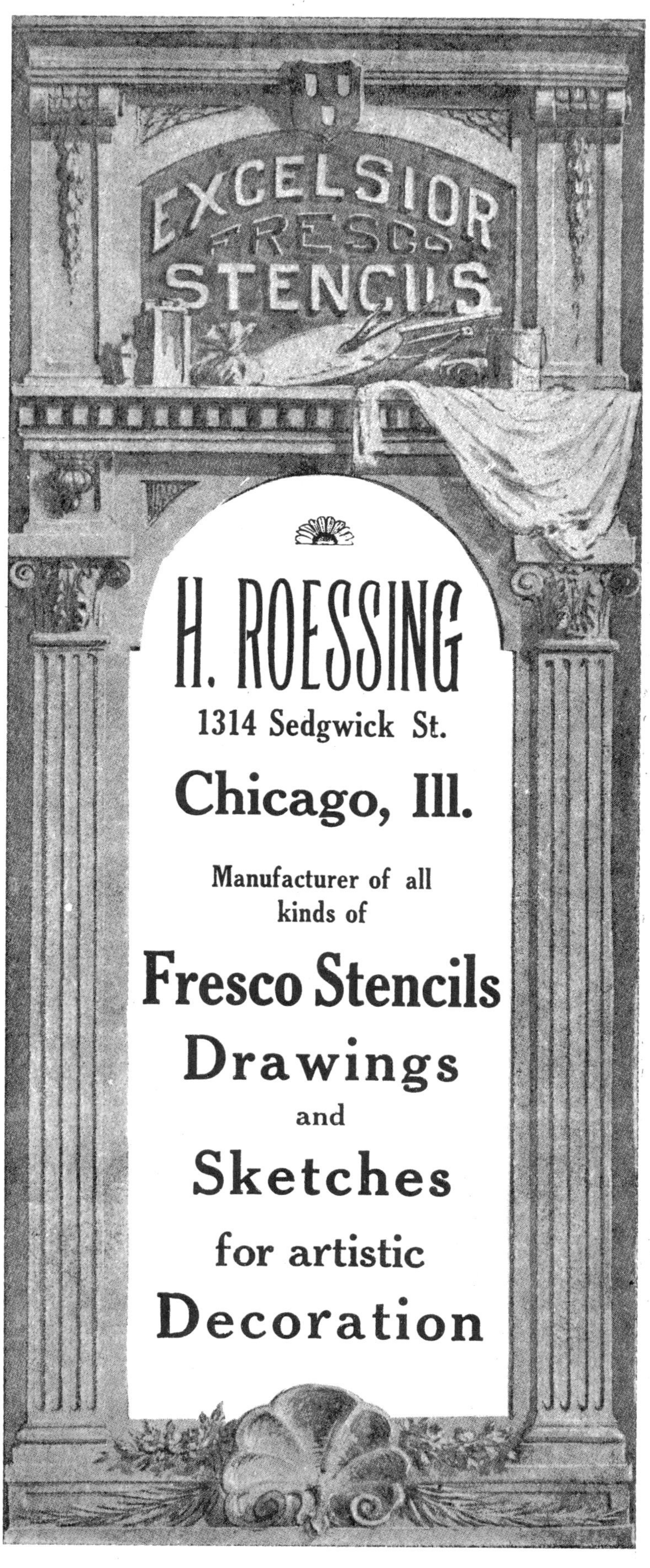

To the Trade

DEAR SIR:—With much pleasure I present for your careful consideration my latest catalogue, containing new series of Fresco Stencils.

I manufacture and carry in stock **all stencils** contained in this book and orders will be filled immediately, **THEREFORE NO DELAY IN SHIPPING.**

Excelsior Fresco Stencils are in the most cases **SINGLE** Stencils, with exceptions where it is practical to produce the design in different colors.

The Stencils contained herein have been reduced by photography from the original full-sized designs to exactly one-twelfth; on those cuts where size is not given, it can be easily ascertained by measuring same.

Any Stencil can be enlarged or reduced per special order and will cost about the double price.

My Stencils are cut out of best oiled Manila Stencil Paper. Stencil designs in black on stencil paper, ready for cutting, at half-price.

OUTLINE STENSILS. For the reason to give you and your customers an idea how to color and work out Outline Stencils, I have made up colored sketches, which I recommend and sell to the trade.

My terms are strictly cash in advance or C. O. D., and no orders will be sent in any other way. For those goods wanted forwarded by mail, add ten cents extra on the dollar to pay Postage. All shipping charges are payable by the receiver of goods. Also the charges for return of money on C. O. D. shipments.

Remittances should be made by Post Office or Express Money Order, or goods will be sent C. O. D. United States Postal Stamps accepted on small orders. **Remittances made by checks not on a Chicago or New York Bank, 10c must be added to cover exchange and cost of collection.**

Money Orders should accompany the order. Rates for money orders are as follows:

Not over $2.50	charges 3 cents
Not over 5.00	charges 5 cents
Not over 10.00	charges 8 cents
Not over 20.00	charges 10 cents

Do not mutilate this book, keep it for your advantage, order by number, write plainly, with ink, and you will receive exactly what you order.

Thanking you for past favors and soliciting a continuance of your esteemed patronage.

I remain respectfully yours,

H. Roessing

1314 Sedgwick Street
Chicago, Ill.
Telephone, Lincoln 7912

All prices are Net. F. O. B. Chicago.

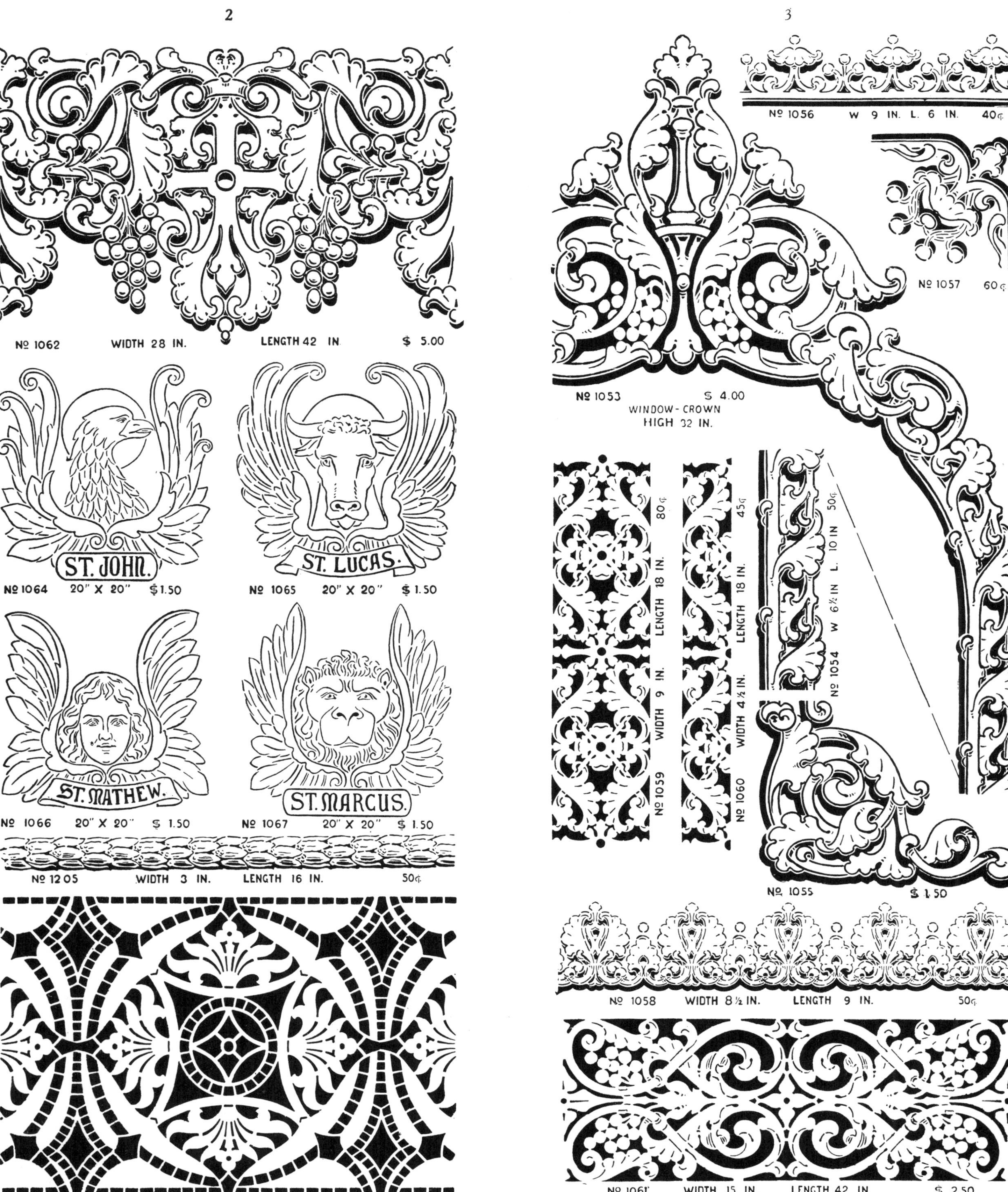

All prices are Net. F. O. B. Chicago.

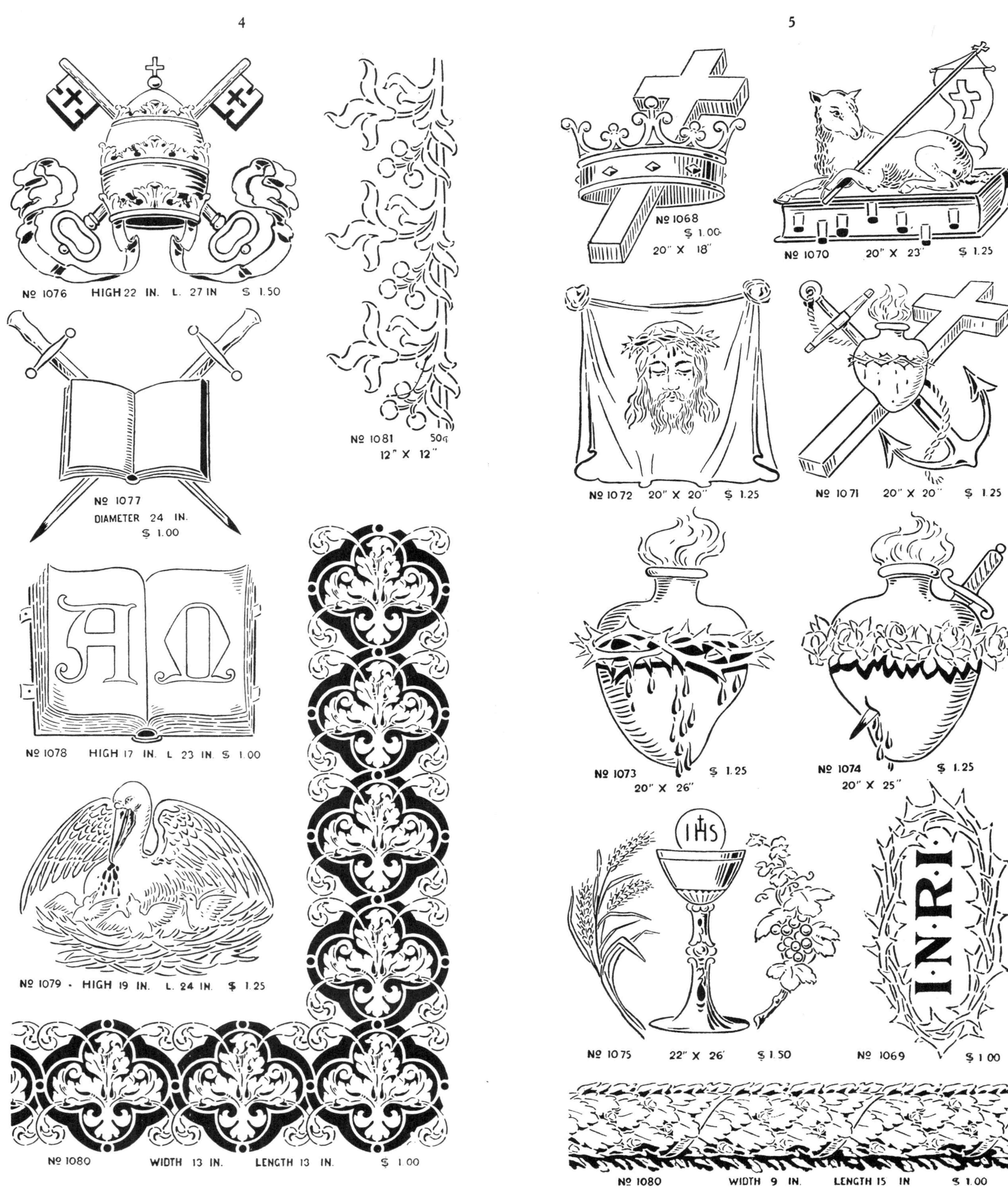

All prices are Net. F. O. B. Chicago.

Nº 1048 W 10 IN L 18 IN 80¢

Nº 1047 50¢
CORNER to Nº 385
PAGE 40

Nº 1050
$ 4.00
WINDOW-CROWN
HIGH 30 IN

Nº 1046 WIDTH 8 IN LENGTH 15 IN 45¢

Nº 1043 WIDTH 12½ IN. LENGTH 22 IN. $ 1.60

Nº 1049 WIDTH 8 IN. LENGTH 21 IN. 85¢

Nº 1051 6" X 14" 50¢

Nº 1044 WIDTH IN LENGTH IN 60¢

Nº 1052 $ 1.00

Nº 1045 WIDTH 24 IN.
LENGTH 27 IN. $ 2.50

ST. MARCUS.
Nº 1039 21" X 21" $ 1.50

ST. JOHN.
Nº 1040 21" X 21" $ 1.50

ST. MATHEW.
Nº 1041 21" X 21" $ 1.50

ST. LUKE.
Nº 1042 21" X 21" $ 1.50

Nº 1036 50¢

Nº 1037 60¢

Nº 1038 50¢

Nº 1034 17" X 17" $ 1.00

Nº 1035 75¢

All prices are Net. F O. B. Chicago.

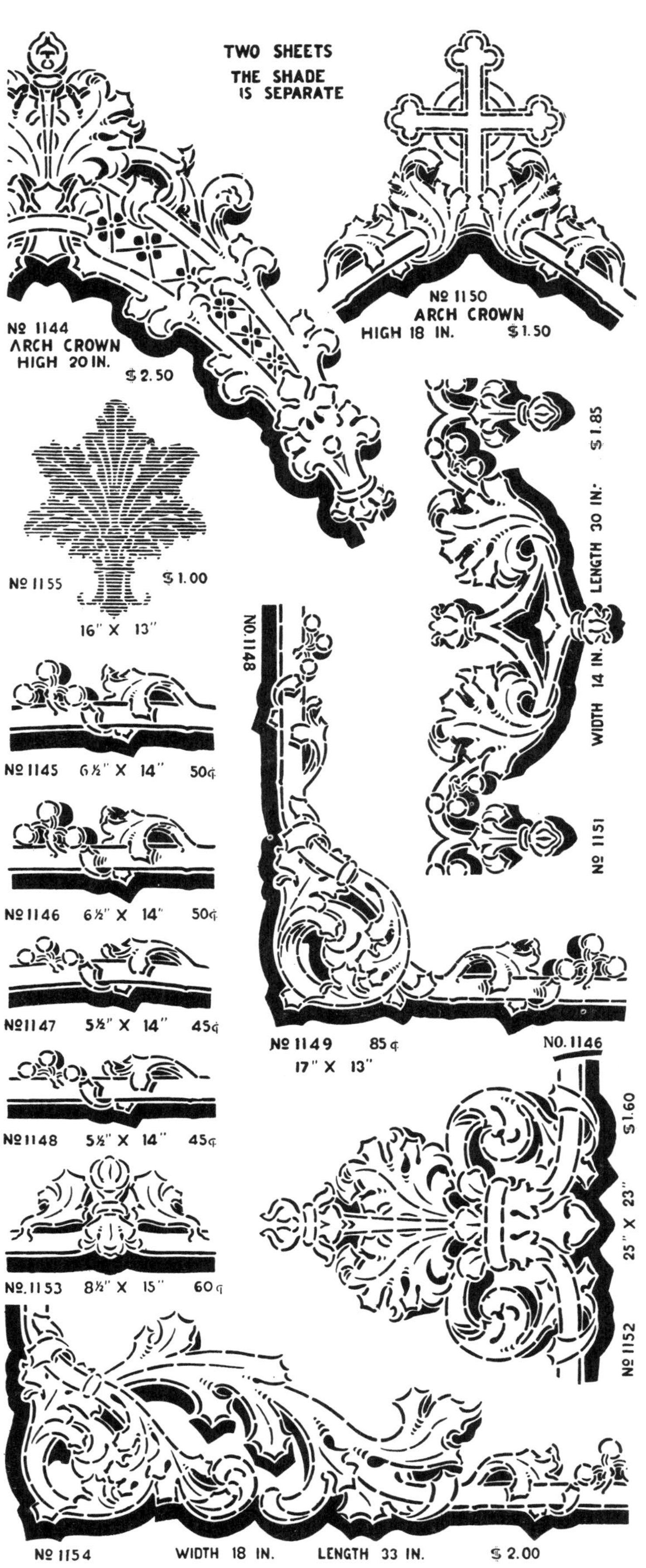

All prices are Net. F. O. B. Chicago.

NO. 1362 12" X 24" $1.25

NO. 1352 HIGH 18 IN. $1.00

50¢ NO. 1366

NO. 1353 9" X 15" 60¢

NO. 1363 40¢

NO. 1364 40¢

NO. 1365 4½" X 18" 40¢

NO. 1303 5½" X 16" 60¢

NO. 1313 5" X 19" 60¢

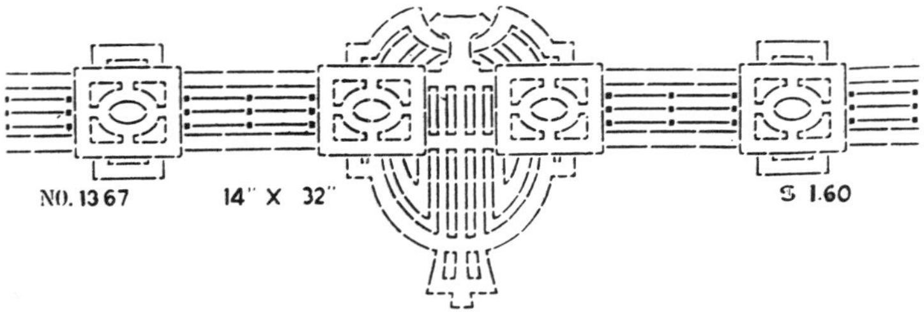

NO. 1367 14" X 32" $1.60

NO. 1361 14" X 29" $1.75

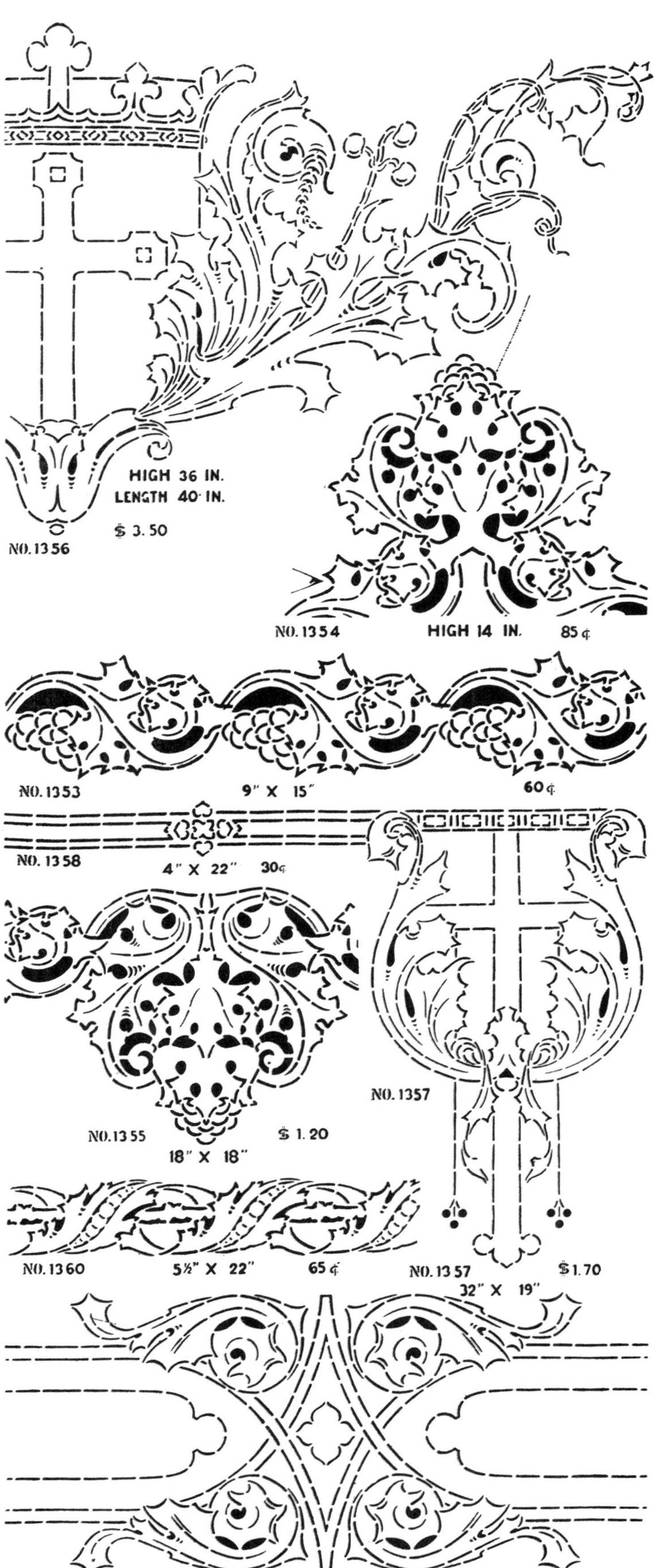

All prices are Net. F. O. B. Chicago.

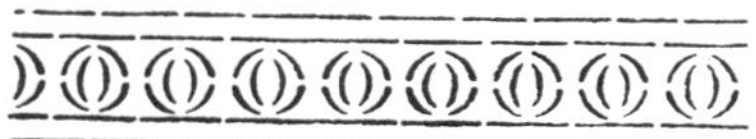

Nº 1024 4" X 13" 30¢

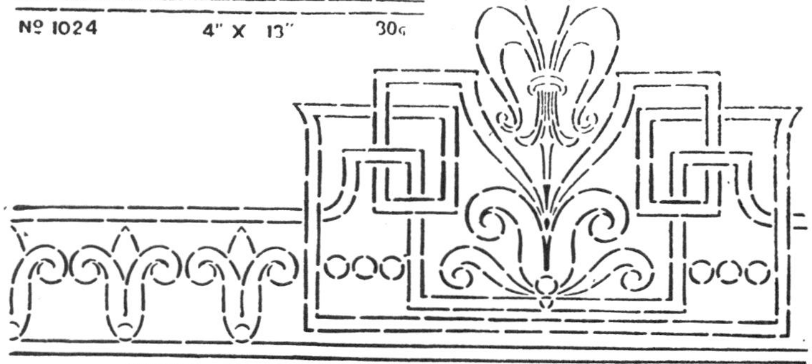

Nº 1025 HIGH 23 IN. $ 1.75

Nº 1026

Nº 1026 $ 1.25

Nº 1028 DIAMETER 32 IN. $ 1.50

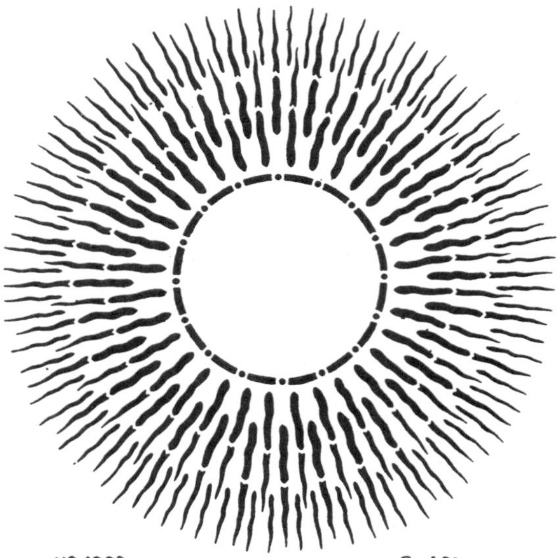

Nº 1029 DIAMETER 33 IN. $ 1.25

Nº 1027 $ 1.50

Nº 682 WIDTH 19 IN. LENGTH 38 IN. $ 1.90

Nº 683 WIDTH 18 IN LENGTH 36 IN. $ 1.80

Nº 684 W 20 IN L 25 IN. $ 1.60

Nº 796 DIAM. 14 IN. 65¢

Nº 797 W. 4½ IN. L. 11 IN. 35¢

Nº 685 W. 14 IN. L 23 IN. 65¢

Nº 798 W. 12 IN. L. 10 IN. 60¢

Nº 686 WIDTH 28 IN. LENGTH 26 IN. $ 1.75

All prices are Net. F. O. B. Chicago.

Nº 1384 19" X 15" 75¢

Nº 1386 6" X 22" 30¢

Nº 1381 DIAMETER 30 IN. $1.00

Nº 1387 4" X 12" 25¢

Nº 1385 HIGH 55 IN. LENGTH 30 IN. $4.50

All prices are Net. F. O. B. Chicago.

All prices are Net. F. O. B. Chicago.

All prices are Net. F. O. B. Chicago.

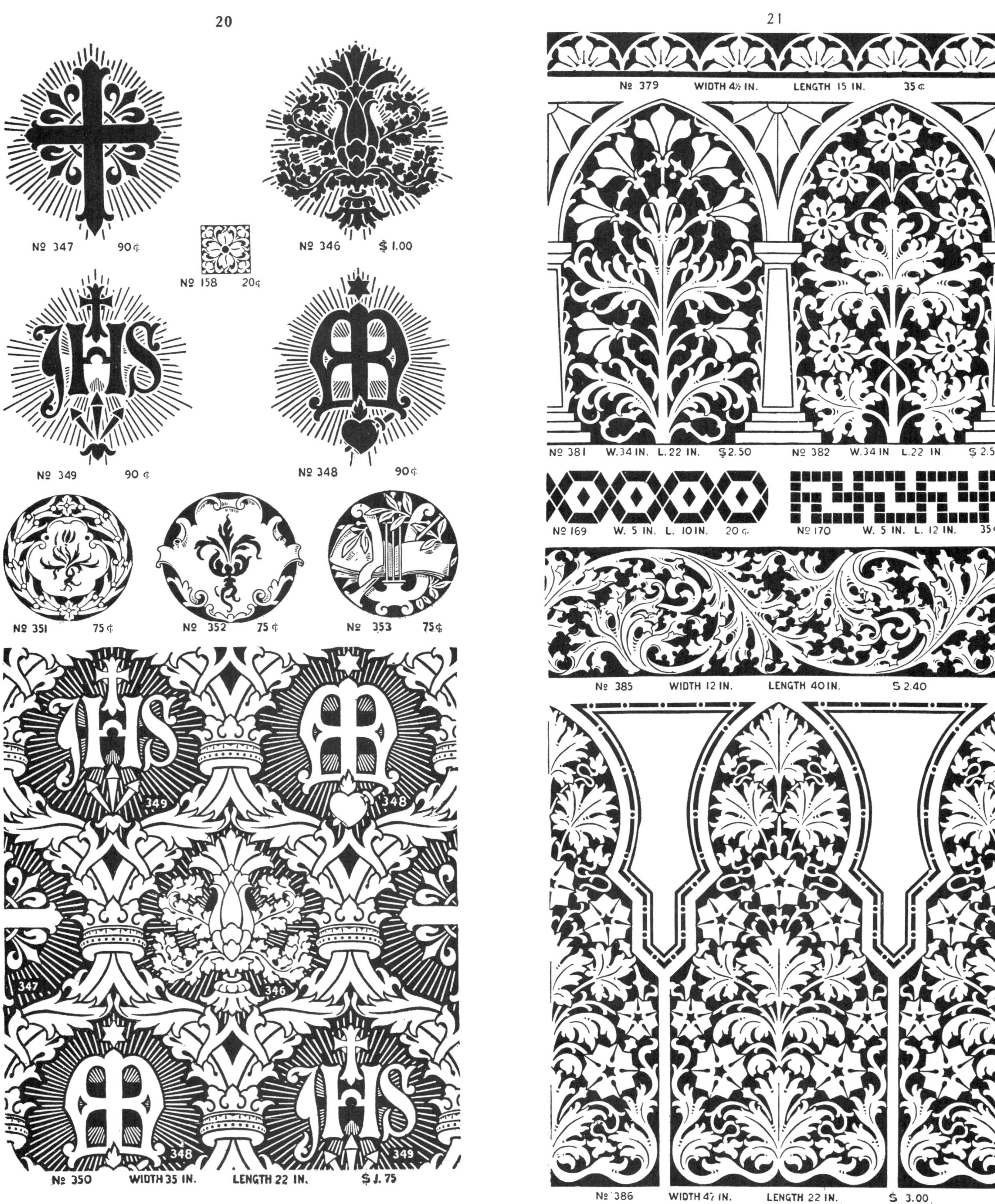

All prices are Net. F. O. B. Chicago.

All prices are Net. F. O. B. Chicago.

№ 302 W. 17 IN L. 10 IN. 45¢

№ 290 MITRE 43 IN $3.00 № 291 W 12 IN L 12 IN. 75¢

№ 304 WIDTH 7 IN LENGTH 10 IN. 25¢

№ 300 № 299

№ 300 $1.00 № 292 W. 24 IN. L. 24 IN. $1.75 № 299 75¢

№ 305 WIDTH 8½ IN LENGTH 12 IN 40¢

№ 298 WIDTH 25 IN. LENGTH 24 IN. $2.00

№ 438 WIDTH 10½ IN. LENGTH 19 IN. 40¢

№ 221 WIDTH 2 IN. LENGTH 12 IN. 15¢

№ 280 № 281

№ 280 W. 10 IN. L. 10 IN. 40¢ № 281 W. 11 IN. L. 11 IN. 40¢

№ 295 90¢ № 294 DIAMETER 13 IN. 50¢ № 293 75¢

№ 296 № 301

№ 296 90¢ № 297 W. 24 IN. L. 24 IN. $1.75 № 301 $1.00

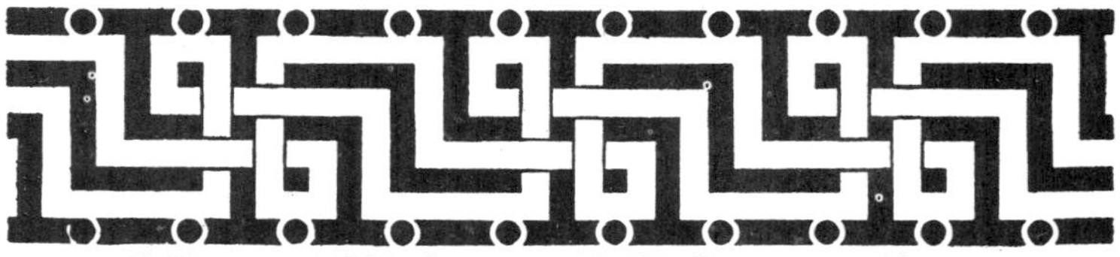

№ 306 WIDTH 9 IN. LENGTH 12 IN. 30¢

All prices are Net. F. O. B. Chicago.

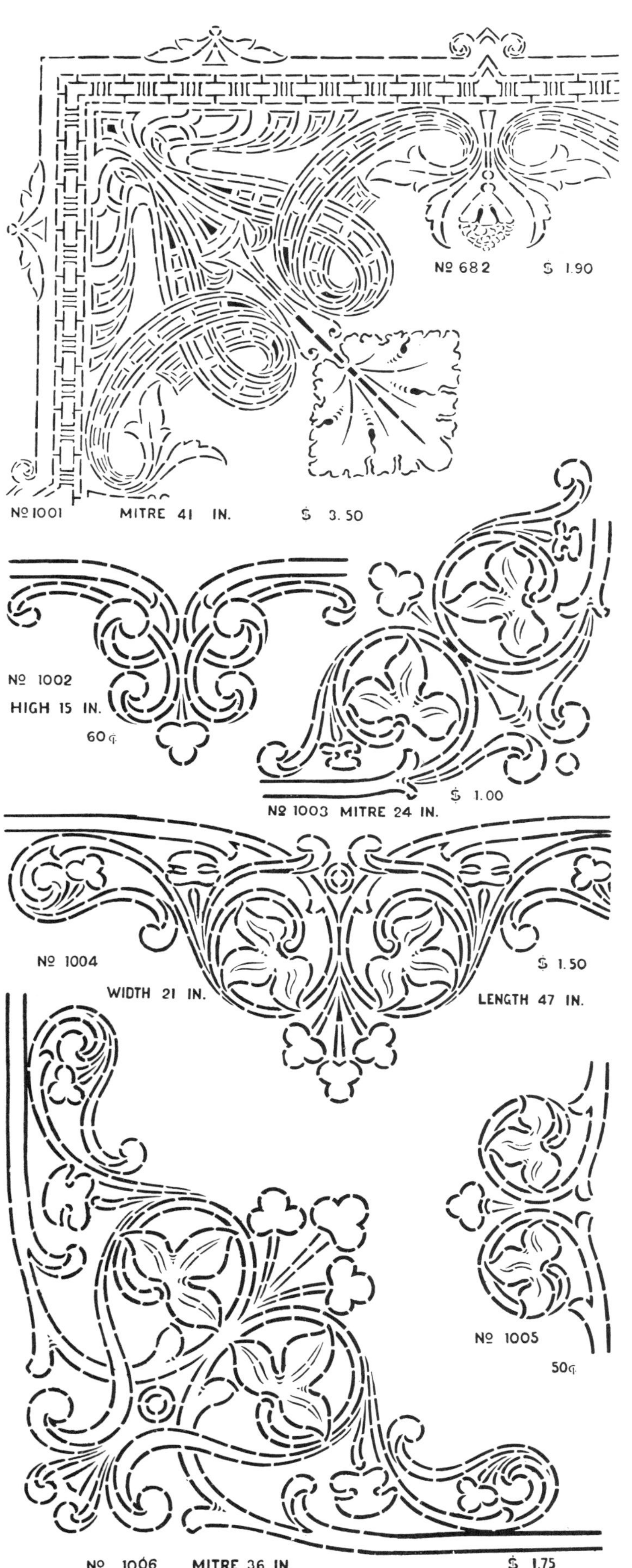

Nº341 RADIUS 42 IN. $2.00

Nº 343 W. 10 IN. L 17 IN. 60¢

Nº 342 MITRE 31 IN. $1.60

Nº 344 WIDTH 25 IN. LENGTH 48 IN. $ 2.00

Nº 345 WIDTH 15 IN. LENGTH 34 IN. $ 1.60

All prices are Net. F. O. B. Chicago.

Nº 599 WIDTH 12½ IN. LENGTH 24 IN. $ 1.10

Nº 604 W. 5½ IN. L 17 IN 25¢

Nº 603 20¢
CORNER

Nº 601 WIDTH 16 IN LENGTH 11 IN. 60¢

Nº 621 50¢

Nº 600 WIDTH 46 IN LENGTH 48 IN. $ 3.00

Nº 605 WIDTH 15 IN. LENGTH 14 IN. 45¢

All prices are Net. F. O. B. Chicago.

№ 327 WIDTH 13 IN. LENGTH 12 IN. 35¢

№ 328 WIDTH 10 IN. LENGTH 14 IN. 30¢

№ 329 WIDTH 8 IN LENGTH 16 IN. 30¢

№ 156 № 155

№ 332 W. 9 IN. 50

№ 330 WIDTH 42 IN. LENGTH 48 IN. $ 2.50

№ 331 WIDTH 24 IN. LENGTH 27 IN. $ 1.50

№ 536 WIDTH 38 IN. LENGTH 38 IN. $ 2.25

№ 534 WIDTH 12 IN. LENGTH 31 IN. 85¢

№ 541 WIDTH 50 IN. LENGTH 43 IN. $ 4.00

All prices are Net. F. O. B. Chicago.

Nº 701 W 4½ IN L 15 IN 25¢

Nº 632 MITRE 17 IN 75¢ Nº 633 W 8 IN L 18 IN 50¢

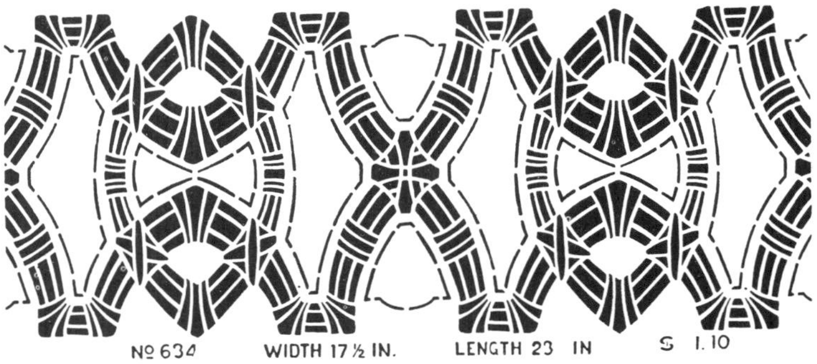

Nº 634 WIDTH 17½ IN. LENGTH 23 IN $ 1.10

Nº 635 WIDTH 18 IN. LENGTH 41 IN. $ 2.50

Nº 636 WIDTH 48 IN. LENGTH 24 IN. $ 4.25

Nº 1090 11" X 32" 75¢

Nº 1091 MITRE 18 IN 75¢

Nº 1092. MITRE 44 IN. $ 2.60 Nº 249 $ 1.40

Nº 1093 16" X 36" $ 1.75¢

Nº 1094 30" X 72" $ 5.00

All prices are Net. F. O. B. Chicago.

№ 187 W. 7 IN. L. 17 IN. 50¢

№ 518 MITRE 17 IN. 75¢

№ 18 W 3 IN L 10½ IN 25¢

№ 188 W 4½ IN L 14 IN. 40¢

№ 517 MITRE 24 IN. $1.00

№ 184 WIDTH 7 IN. LENGTH 20 IN 70¢

№ 198 WIDTH 5 IN. LENGTH 20½ IN. 50¢

№ 537 WIDTH 23 IN. LENGTH 20 IN. $ 1.00

№ 533 WIDTH 10 IN LENGTH 12 IN. 50¢

№ 531 WIDTH 15 IN. LENGTH 13½ IN. 75¢

№ 643 WIDTH 17 IN. LENGTH 18 IN. $ 1 10

№ 761 WIDTH 2½ IN. LENGTH 12 IN. $ 25¢

№ 644 WIDTH 14 IN. LENGTH 10 IN. $ 90¢

№ 762 WIDTH 2½ IN. LENGTH 12 IN. $ 25¢

№ 645 WIDTH 14 IN. LENGTH 9½ IN. $ 90¢

№ 763 WIDTH 4 IN. LENGTH 12 IN. $ 30¢

№ 646 WIDTH 11 IN. LENGTH 12 IN. $ 75¢

№ 647 WIDTH 9 IN. LENGTH 27 IN. $ 1.25

№ 764 WIDTH 2½ IN. LENGTH 16 IN. $ 25¢

№ 648 WIDTH 9½ IN. LENGTH 18 IN. $ 75¢

All prices are Net. F. O. B. Chicago.

All prices are Net. F. O. B. Chicago.

Nº 176 25 ¢
DIAMETER 12 IN.

Nº 540 MITRE 35 IN. $1.75

Nº 17 W. 5½ IN. L. 10½ IN. 25 ¢

Nº 190 WIDTH 7 IN. LENGTH 11½ IN. 40 ¢

Nº 20 W. 5 IN.
L. 10 IN. 20¢

Nº 527 MITRE 33 IN. $1.50

Nº 528 W. 16 IN. L. 14½ IN. 75 ¢

Nº 529 WIDTH 39 IN. LENGTH 18 IN. $2.25

Nº 452 W. 9 IN. L. 20 IN. $1.00

Nº 538 MITRE 26 IN. $1.50

Nº 16 W. 3½ IN. L. 8 IN. 25¢

Nº 19 W. ¾ IN. L. 12 IN. 5¢

Nº 539 MITRE 29 IN. $1.50

Nº 15 W. 3½ IN. L. 11 IN. 25¢

Nº 530 MITRE 42 IN. $2.75

Nº 531 W. 15 IN. L. 14 IN. 75¢

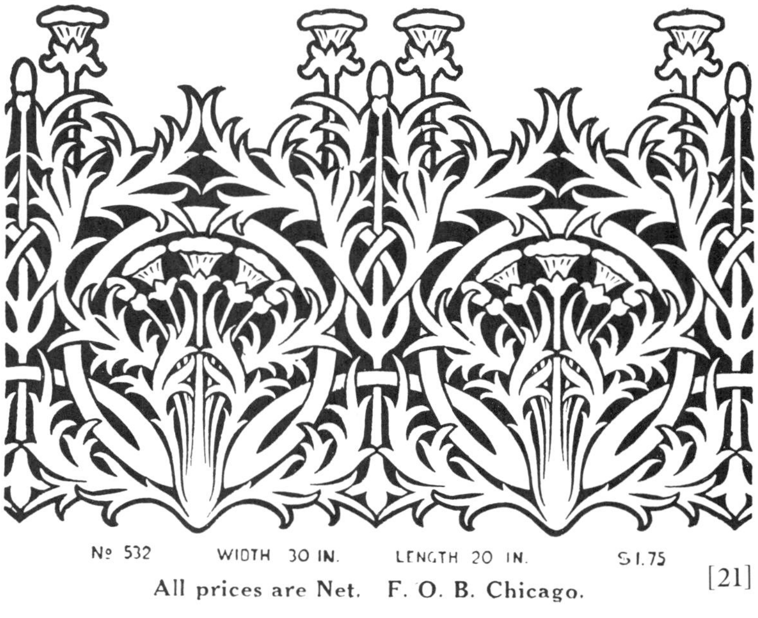

Nº 532 WIDTH 30 IN. LENGTH 20 IN. $1.75

All prices are Net. F. O. B. Chicago.

№ 810 WIDTH 4 IN. LENGTH 17 IN. 45¢

№ 811 20¢

№ 812 WIDTH 8 IN. LENGTH 12 IN. 50¢

№ 813 W 3 IN. L. 10 IN. 15¢

№ 815 10¢

№ 816 30¢ DIAMETER 8¾ IN.

№ 818 W 6 IN L. 12 IN. 45¢

№ 814 W. 2¾ IN. L. 10 IN. 10¢

№ 819 W 3 IN L 11 IN. 25¢

№ 820 RADIUS 10 IN. 55¢

№ 817 60¢ DIAMETER 14½ IN.

DANTE. № 821 75¢

SHAKESPEARE. № 822 75¢

HOMER № 823 75¢

GOETHE № 824 75¢

№ 507 MITRE 50 IN. $ 2 50

№ 327 W 13 IN. L. 12 IN. 35¢

№ 802 W. IN. L. IN. 50¢

№ 804 W. IN. L. 11 IN. 45¢

№ 803 40¢ RADIUS 12 IN.

№ 805 50¢ W. 8 IN. L. 15 IN.

№ 806 25¢

№ 807 25¢

№ 808 25¢

№ 809 25¢

№ 901 RADIUS 22 IN. $ 1 50

№ 902 W 18 IN L 29 IN. $ 1.00

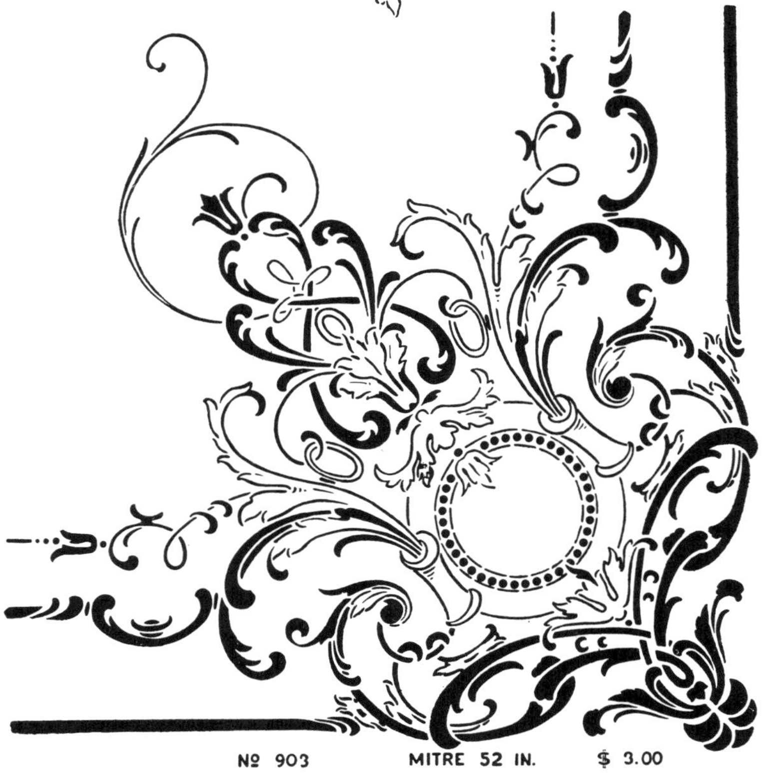

№ 903 MITRE 52 IN. $ 3.00

All prices are Net. F. O. B. Chicago.

Nº 354 RADIUS 14 IN. 60¢

Nº 356 W 8 IN L. 14 IN. 30¢

Nº 355 MITRE 24 IN. 65¢

Nº 357 MITRE 25 IN. 90¢

Nº 361 40¢

Nº 360 W. 21 IN. 50¢

Nº 359 W. 12 IN. 40¢

Nº 358 W 39 IN. 80¢

Nº 362 WIDTH 24 IN. LENGTH 37 IN. $ 3.00

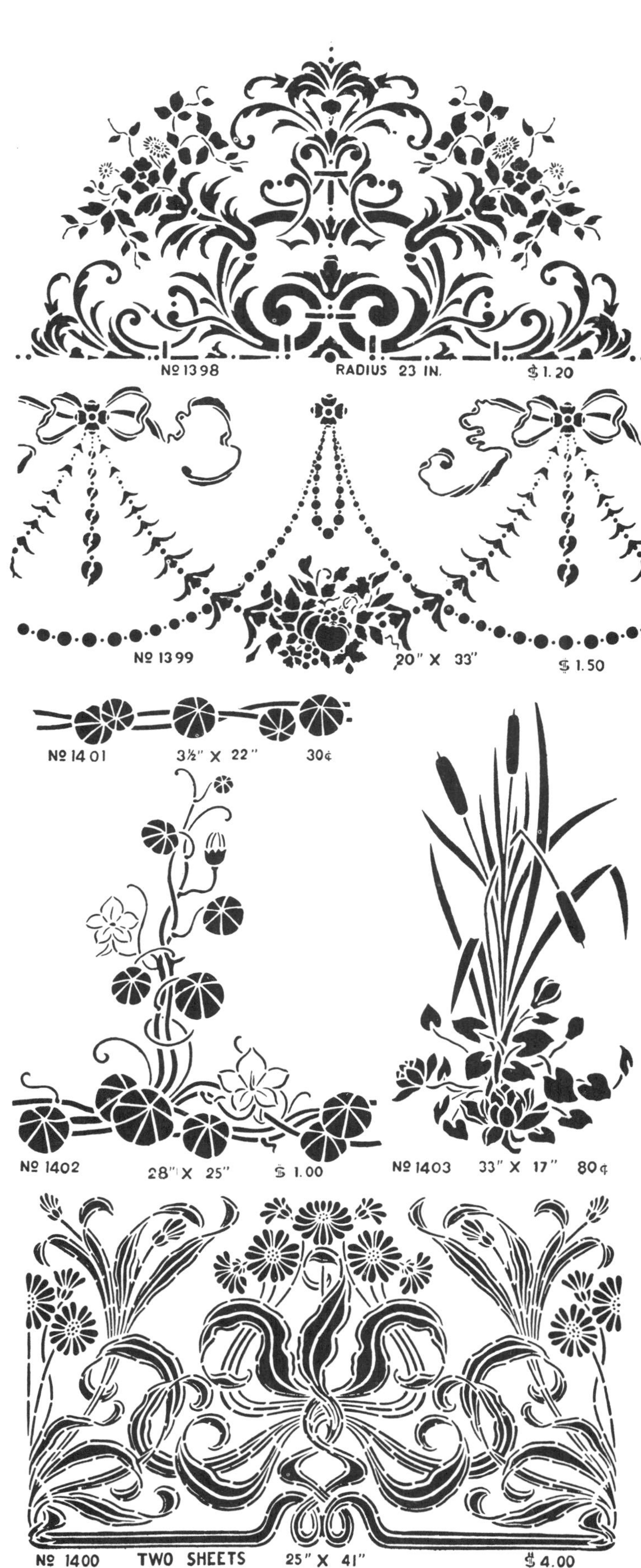

All prices are Net. F. O. B. Chicago.

Nº 186 WIDTH 6 IN. LENGTH 21 IN. $ 50¢

Nº 185 WIDTH 9 IN. LENGTH 24 IN. $ 80¢

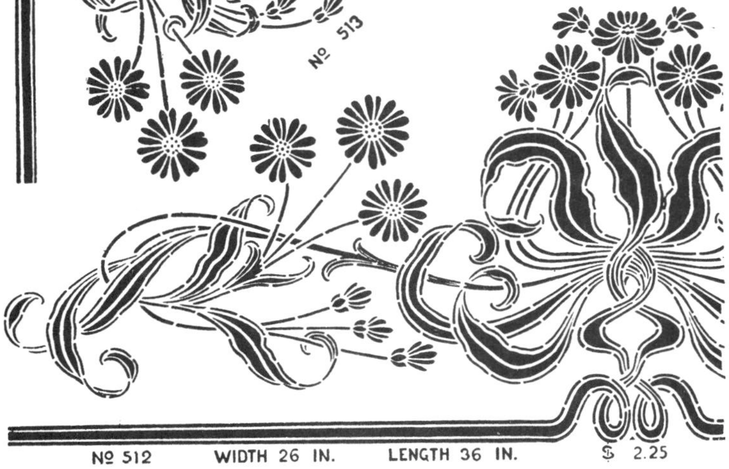

Nº 513 MITRE 33 IN. $ 4.00

Nº 512 WIDTH 26 IN. LENGTH 36 IN. $ 2.25

Nº 511 WIDTH 41 IN. LENGTH 41 IN. $ 4.00

Nº 1106 3¼" X 20" 25¢

Nº 1104 MITRE 32 IN $ 1.50

Nº 1105 21" X 26" $ 1.00

Nº 1109 8" X 23" 45¢

Nº 1107 RADIUS 36 IN. $ 1.75

Nº 1108 10" X 32" 80¢

All prices are Net. F. O. B. Chicago.

All prices are Net. F. O. B. Chicago.

All prices are Net. F. O. B. Chicago.

№ 324 W. 12 IN. L. 22 IN. 75¢

№ 322 RADIUS 27 IN. $1.25

№ 323 MITRE 42 IN. $ 2.00

№ 325 WIDTH 15 IN. LENGTH 36 IN. $ 1.30

№ 326 WIDTH 17 IN LENGTH 29 IN. $ 1.30

№ 270 RADIUS 21 IN. $1.75

№ 466 MITRE 19 IN. $1.50

№ 271 W. 13 IN. L. 22 IN. $1.00

№ 407 WIDTH 19 IN. LENGTH 28 IN. $1.20

№ 409 W. 15 IN. L. 17 IN. 60¢

№ 406 MITRE 28 IN. $ 1.60

№ 408 WIDTH 16 IN. LENGTH 35 IN. $ 1.20

All prices are Net. F. O. B. Chicago.

Nº 276 DIAMETER 20 IN. 75 ¢

Nº 421 RADIUS 18 IN. 75 ¢

Nº 505 15 ¢

Nº 223 25 ¢

Nº 423 MITRE 20 IN. 80 ¢

Nº 424 10 ¢

Nº 422 W. 18 IN. L. 20 IN. 80 ¢

Nº 504 30 ¢

Nº 462. DIAMETER 17. 50 ¢

Nº 475 W. 20 IN. L. 26 IN. 90 ¢

Nº 477 W. 6 IN. L. 11 IN. 45 ¢

Nº 151 25 ¢

Nº 272 RADIUS 14 IN. 45 ¢

Nº 474 MITRE 30 IN. $ 2.00

Nº 477 45 ¢

Nº 444 WIDTH 12 IN. LENGTH 26 IN. $ 1.30

Nº 277 RADIUS 11 IN. 45 ¢

Nº 266 W 12 IN. L 14 IN. 50 ¢

Nº 265 MITRE 27 IN. $1.25

Nº 404 WIDTH 16 IN. LENGTH 35 IN. $1.00

Nº 206 25 ¢

Nº 208 W. 6 IN. L. 23 IN. 50 ¢

Nº 402 MITRE 23 IN. $1.00

Nº 40 RADIUS 22 IN. $1.00

Nº 403 WIDTH 24 IN. LENGTH 41 IN $1.30

Nº 205 25 ¢

Nº 207 W 6 IN. L. 11 IN. 25 ¢

Nº 206 25 ¢

All prices are Net. F. O. B. Chicago.

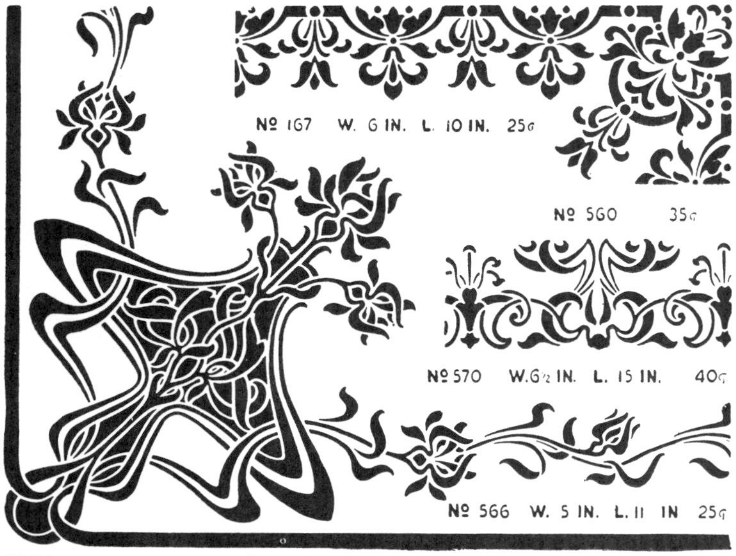

Nº 167 W. 6 IN. L. 10 IN. 25¢

Nº 560 35¢

Nº 570 W.6½ IN. L. 15 IN. 40¢

Nº 566 W. 5 IN. L. 11 IN 25¢

Nº 565 MITRE 31 IN. $1.75

Nº 568 W. 13 IN. L. 24 IN. $1.20

Nº 564 MITRE 29 IN. $1.75

Nº 567 WIDTH 12 IN. LENGTH 14 IN. 80¢

Nº 569 W.13 IN. L.28 IN. $1.25

Nº 563 MITRE 30 IN. $1.75

Nº 550 MITRE 41 IN. $1.70

Nº 2[illegible]0 30¢

Nº 535 WIDTH 13 IN. LENGTH 15 IN. 50¢

Nº 548 WIDTH 18 IN. LENGTH 28 IN. $1.50

Nº 547 WIDTH 9 IN. LENGTH 18 IN. 60¢

Nº 546 WIDTH 18 IN. LENGTH 43 IN. $2.75

All prices are Net. F. O. B. Chicago.

No 163 15¢

No 164 30¢

No 373 RAD. 22 IN. $1.25

No 370 30¢

No 372 MITRE 35 IN. $2.40

No 366 RADIUS 26 IN. $1.00

No 365 $1.00 W. 26 IN. L. 42 IN.

No 364 W. 4 IN. L. 14 IN. 20¢

No 363 MITRE 30 IN. $1.00

No 367 RADIUS 23 IN. $1.20

No 368 $1.30 W. 25 IN L. 37 IN.

No 370 30¢ W 5 IN. L. 16 IN.

No 369 MITRE 37 IN. $1.40

No 159 WIDTH 7 IN. LENGTH 9 IN. 30¢

No 160 WIDTH 3½ IN. LENGTH 15 IN. 40¢

No 161 WIDTH 5 IN. LENGTH 17 IN 30¢

No 162 W. 10 IN. L. 11 IN. 30¢

No 371 MITRE 27 IN. $1.30

No 303 W. 5½ IN. L. 15 IN. 40¢

All prices are Net. F. O. B. Chicago.

Nº 1097 8" X 16" 45¢

Nº 1095 MITRE 30 IN. $ 1.40 Nº 1096 11" X 19" 60¢

Nº 1098 9" X 10" 40¢

Nº 1099 25¢

Nº 1101 28" X 17" 90¢

Nº 1100 20" X 16" $ 1.00

Nº 1206 25¢  Nº 1207 10¢

Nº 1102 75¢

Nº 1103 29" X 30" $ 1.10

Nº 688 W. 12 IN. L. 15 IN. 50¢

Nº 687 MITRE 28 IN. $ 1.50

Nº 689 W. 12 IN. L. 20 IN. 65¢

Nº 690 WIDTH 21 IN. LENGTH 28 IN. $ 1.50

Nº 691 WIDTH 16 IN. LENGTH 24 IN. 80¢

Nº 713 W. 4 IN. L. 9 IN. 25¢

Nº 799 W. 6 IN. L. 14 IN. 30¢

Nº 692 MITRE 21 IN. 80¢ Nº 693 W. 5 IN. L. 21 IN. 30¢

Nº 694 WIDTH 18 IN. LENGTH 27 IN. $ 1.20

All prices are Net. F. O. B. Chicago.

All prices are Net. F. O. B. Chicago.

All prices are Net. F. O. B. Chicago.

All prices are Net. F. O. B. Chicago.

№ 256 WIDTH 26 IN LENGTH 19 IN $1.50

№ 79 WIDTH 3 IN LENGTH 11 IN 20¢

№ 257 WIDTH 26 IN LENGTH 19 IN $1.50

№ 258 WIDTH 3½ IN LENGTH 20 IN 30¢

№ 255 WIDTH 18 IN LENGTH 24 IN $1.25

№ 278 W. 21 IN. L. 13 IN. $1.00 № 87 W 6 IN. L. 6 IN 15¢

№ 269 WIDTH 6 IN. LENGTH 17 IN. 40¢

№ 259 WIDTH 25 IN. LENGTH 18 IN. $1.00

№ 275 WIDTH 6 IN. LENGTH 11 IN. 35¢

№ 274 WIDTH 36 IN. LENGTH 22 IN. $3.00

All prices are Net. F. O. B. Chicago.

68
69
503
506
Nº 503 W. 9 IN. L. 8 IN. 20 ¢
Nº 506 DIAMETER 6 IN. 15 ¢
Nº 695 WIDTH 10½ IN. LENGTH 31 IN. $ 1.40
Nº 279. WIDTH 23 IN. LENGTH 19 IN. 75 ¢
Nº 696 W. 24 IN. L. 36 IN. $ 4.00
Nº 273 W. 10 IN. L. 15 IN. 45 ¢
Nº 315 W. 10 IN. L. 20 IN. 45 ¢
Nº 150 20¢
Nº 268 MITRE 14 IN. 60 ¢
Nº 267 W. 12 IN. L. 20 IN. 60 ¢
UPPER PART
LOWER PART
317
262
Nº 262 W. 18 IN. L. 12 IN. 85 ¢
Nº 317 DIAMETER 16 IN. 65 ¢
Nº 697
HIGH 88 IN.
$ 4.00
All prices are Net. F. O. B. Chicago.

No 773 WIDTH 9 IN. LENGTH 14 IN. $ 55¢

No 698 WIDTH 20 IN. LENGTH 10 IN. $ 1.50

No 774 WIDTH 8 ½ IN. LENGTH 26 IN. 60¢

No 775 35¢

No 776 WIDTH 8 IN. LENGTH 10 IN. 50¢

No 777 WIDTH 8½ IN. LENGTH 14 IN. 30¢

No 778 WIDTH 5 IN. LENGTH 9 IN. 40¢

No 779 WIDTH 7½ IN. LENGTH 11 IN. 45¢

No 780 WIDTH 1½ IN. LENGTH 12 IN. 25¢

No 781 WIDTH 11½ IN. LENGTH 12 IN. $ 1.25

No 1007 WIDTH 11 IN. LENGTH 36 IN. $ 2.25

No 1008 WIDTH 3½ IN. LENGTH 12 IN. 25¢

No 1009 WIDTH 10 IN. LENGTH 19 IN. $ 1.00

No 900 WIDTH 8 IN. LENGTH 10 IN. 60¢

No 1011 WIDTH 19 IN. LENGTH 25 IN. $ 1.20

No 1010 WIDTH 25 IN. LENGTH 12 IN. $ 1.75

No 1012 WIDTH 19 IN. LENGTH 25 IN. $ 1.20

All prices are Net. F. O. B. Chicago.

Nº 640 WIDTH 18 IN. LENGTH 17 IN. $ 1.50

Nº 752 W. 5 IN. L. 13 IN. 40¢

Nº 753 W. 5 IN. L. 8 IN. 20¢

Nº 641 WIDTH 17 IN. LENGTH 25 IN. $ 1.85

Nº 754 W. 7 IN. L. 13 IN. 45¢

Nº 755 W. 6½ IN. L. 14 IN. 45¢

Nº 642 WIDTH 16 IN. LENGTH 33 IN. $ 1.25

Nº 756 WIDTH 4½ IN. LENGTH 15 IN. 30¢

Nº 757 WIDTH 6 IN. LENGTH '4 IN. 50¢

Nº 758 WIDTH 7 IN. LENGTH 17 IN. 45¢

Nº 759 WIDTH 9 IN. LENGTH 11 IN. 30¢

Nº 760 25¢

Nº 782 50¢

Nº 658 WIDTH 30 IN. LENGTH 26 IN. $ 2.00

Nº 656 HIGH 45 IN. $ 2.00

Nº 782 W. 5 IN. L. 16 IN. 50¢

Nº 783 W 12 IN L 20 IN $ 1.25

Nº 657 HIGH 63 IN. $ 2.75

Nº 659 W. 5 IN. L. 42 IN. 75¢

W. 16 IN.
L. 16 IN.

WIDTH 19 IN.
LENGTH 27 IN.

Nº 660
60¢

Nº 661 $ 1.20

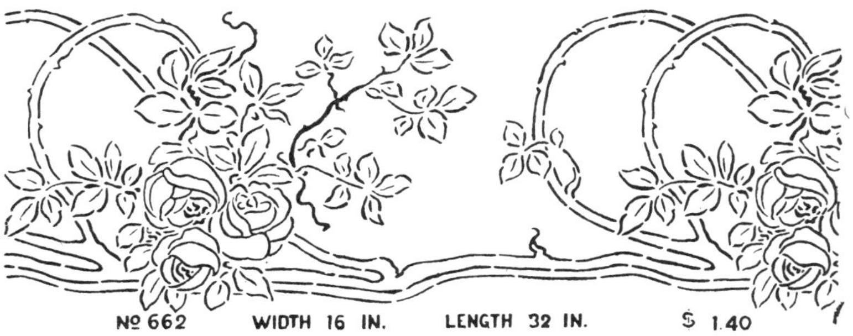

Nº 662 WIDTH 16 IN. LENGTH 32 IN. $ 1.40

All prices are Net. F. O. B. Chicago.

№ 1167 27" X 28" $ 3.00

№ 1168 5½" X 14" 30¢

№ 1169 5½" X 15" 50¢

№ 1170 5½" X 19" 65¢

№ 1171 8½" X 14" 80¢

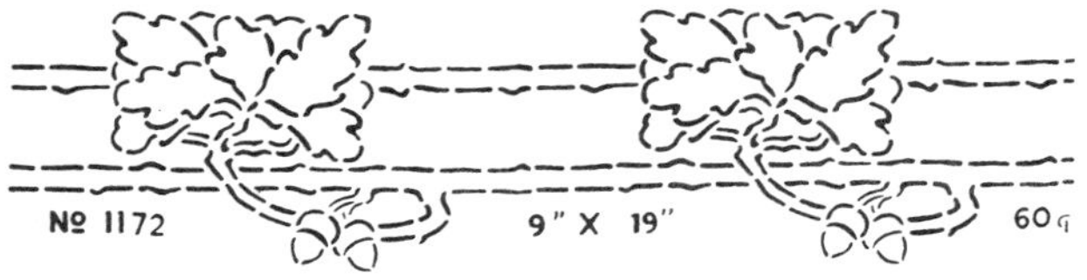

№ 1172 9" X 19" 60¢

№ 1173 9" X 28" $ 1.00

NO. 1174 10" X 15" 65¢

№ 1165 HIGH FT $4.00 № 1166 11" X 22" $ 1.30

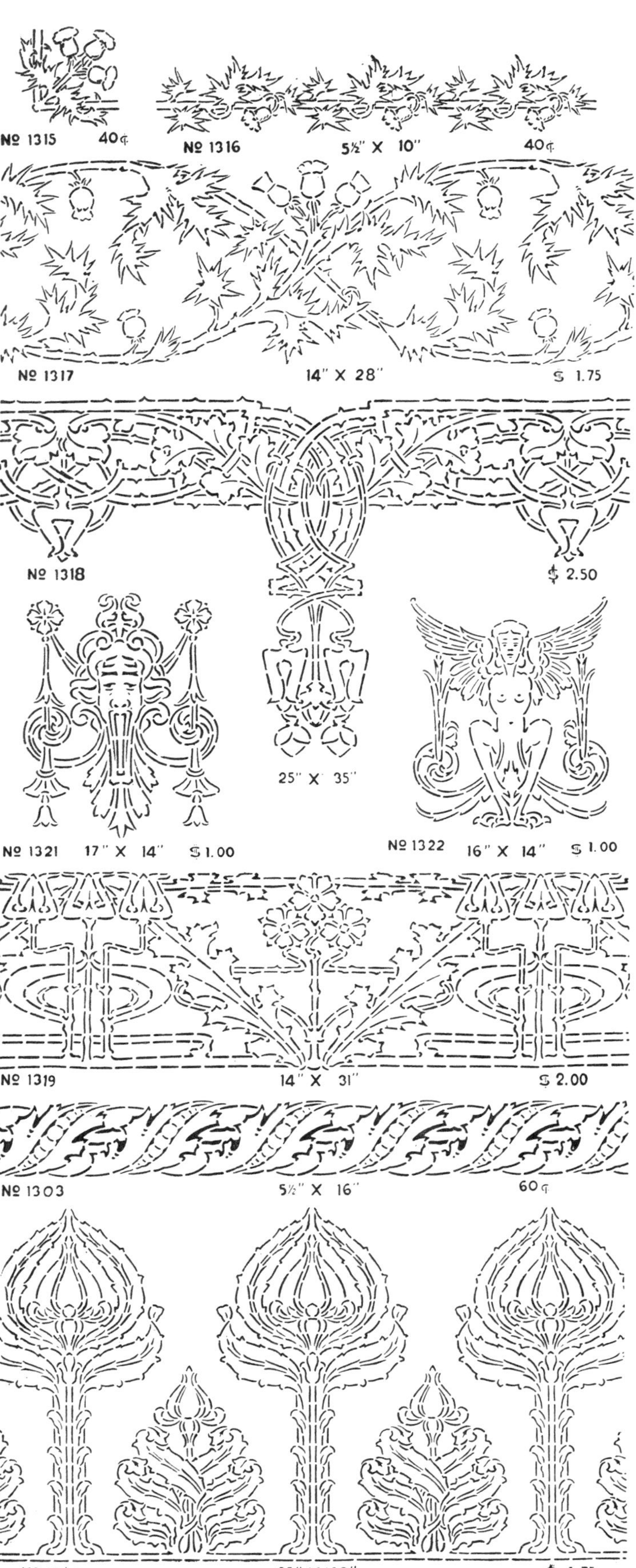

All prices are Net. F. O. B. Chicago.

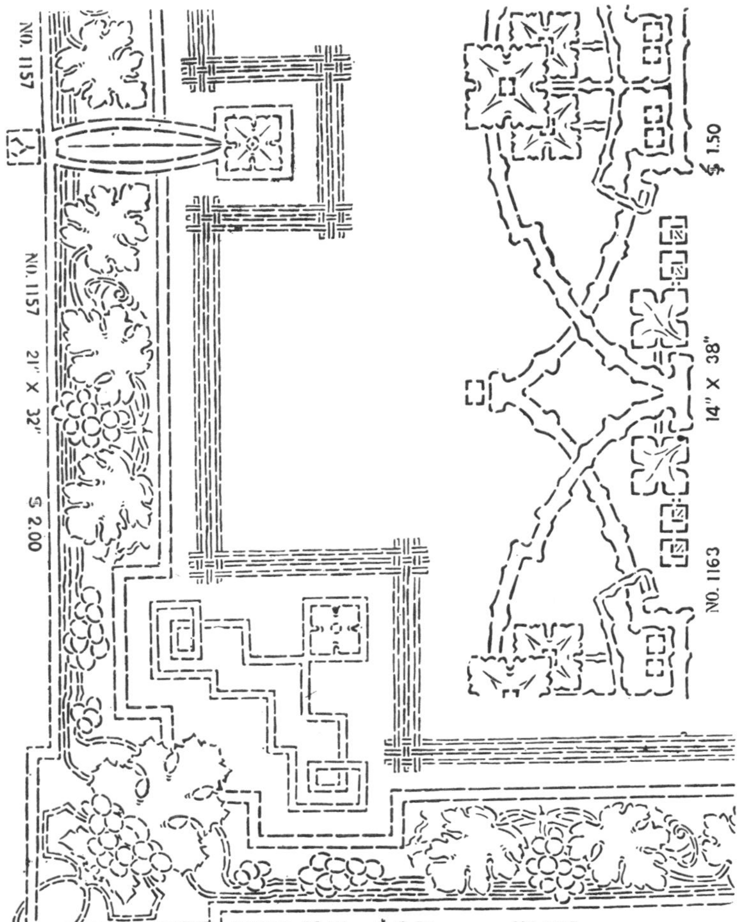

NO. 1157

NO. 1157
21" X 32"
$ 2.00

$ 1.50
14" X 38"
NO. 1163

MITRE 35 IN. $ 2.50 NO. 1157
NO. 1156

NO. 1160 9" X 18" 75 ¢

NO. 1159
" X
$ 1.75

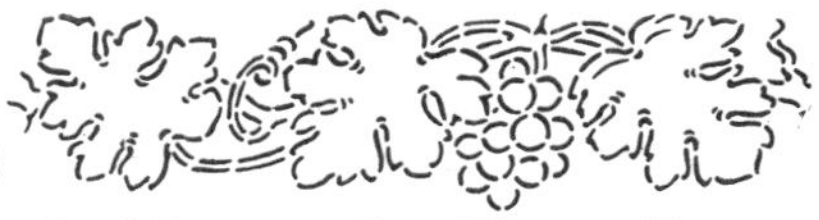

NO. 1158 6" X 24" 75 ¢

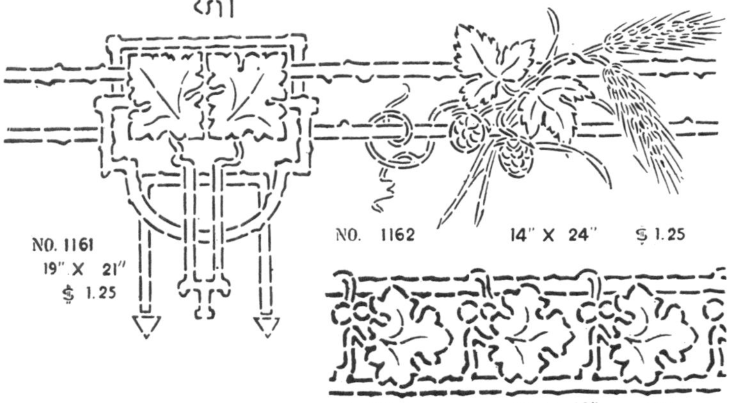

NO. 1161
19" X 21"
$ 1.25

NO. 1162 14" X 24" $ 1.25

NO. 1164 8" X 16" 50¢

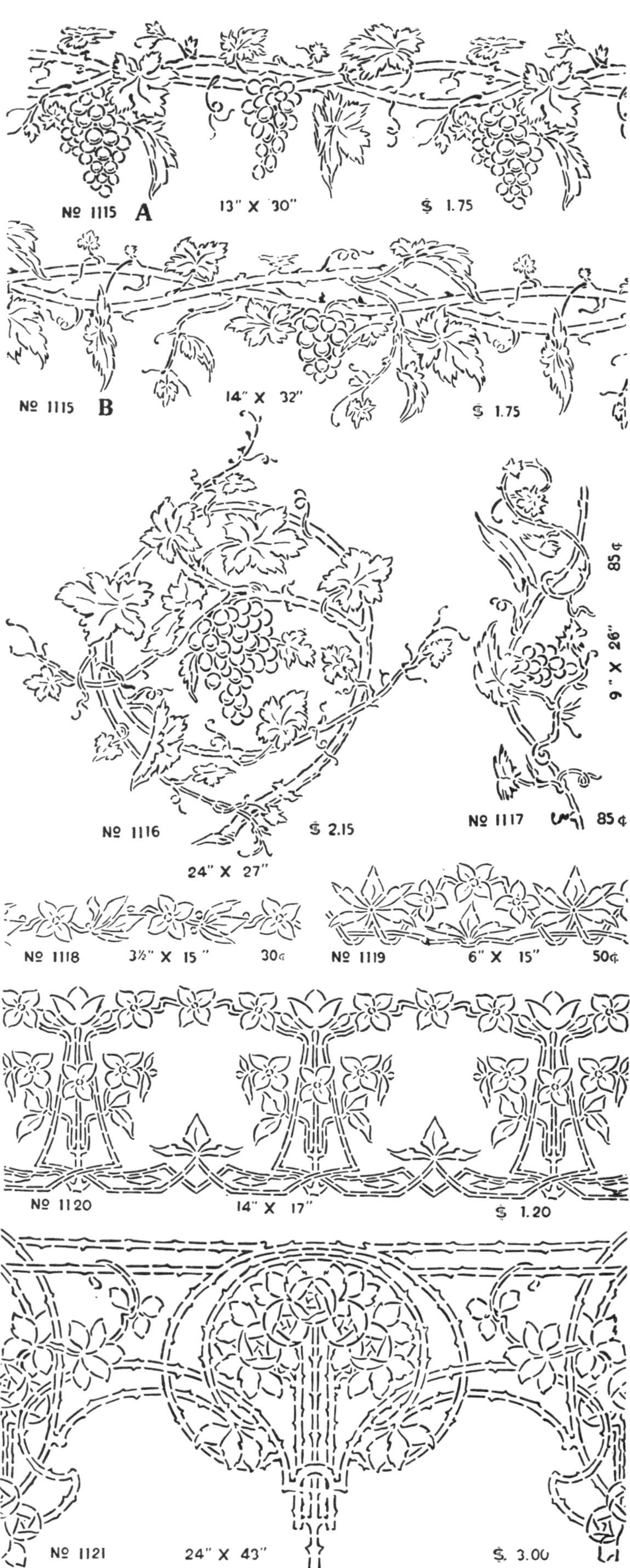

All prices are Net. F. O. B. Chicago.

№ 1175 WIDTH 20 IN. LENGTH 23 IN. $ 1.80

№ 1176 WIDTH 11½ IN. LENGTH 25 IN. $ 1.80

№ 1177 WIDTH 11½ IN. LENGTH 28 IN. $ 1.80

№ 1178 A WIDTH 19 IN. LENGTH 38 IN. $ 2.50

№ 1179 A $ 1.00
19" X 11"

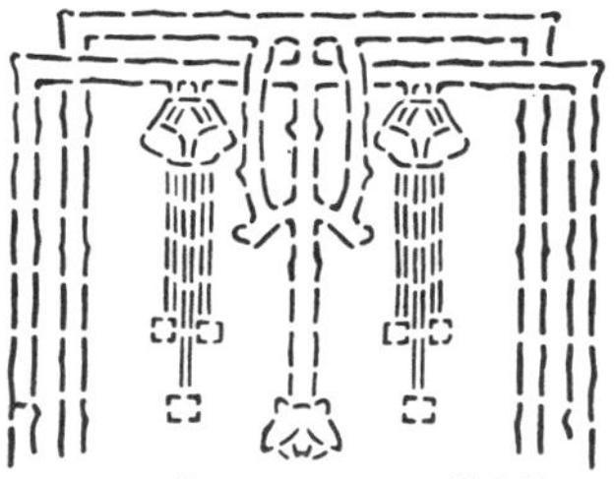

№ 1180 A $ 1.30
14" X 18"

№ 1180 C 20¢

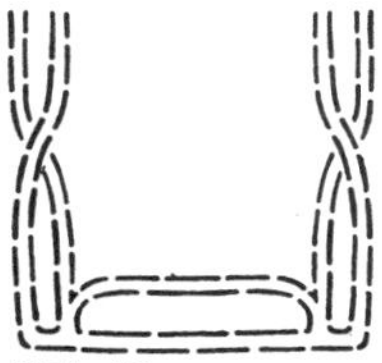

№ 1179 B 50¢

№ 1180 B 50¢

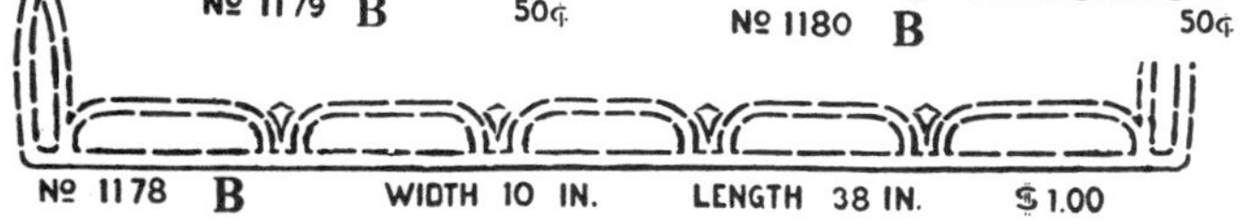

№ 1178 B WIDTH 10 IN. LENGTH 38 IN. $ 1.00

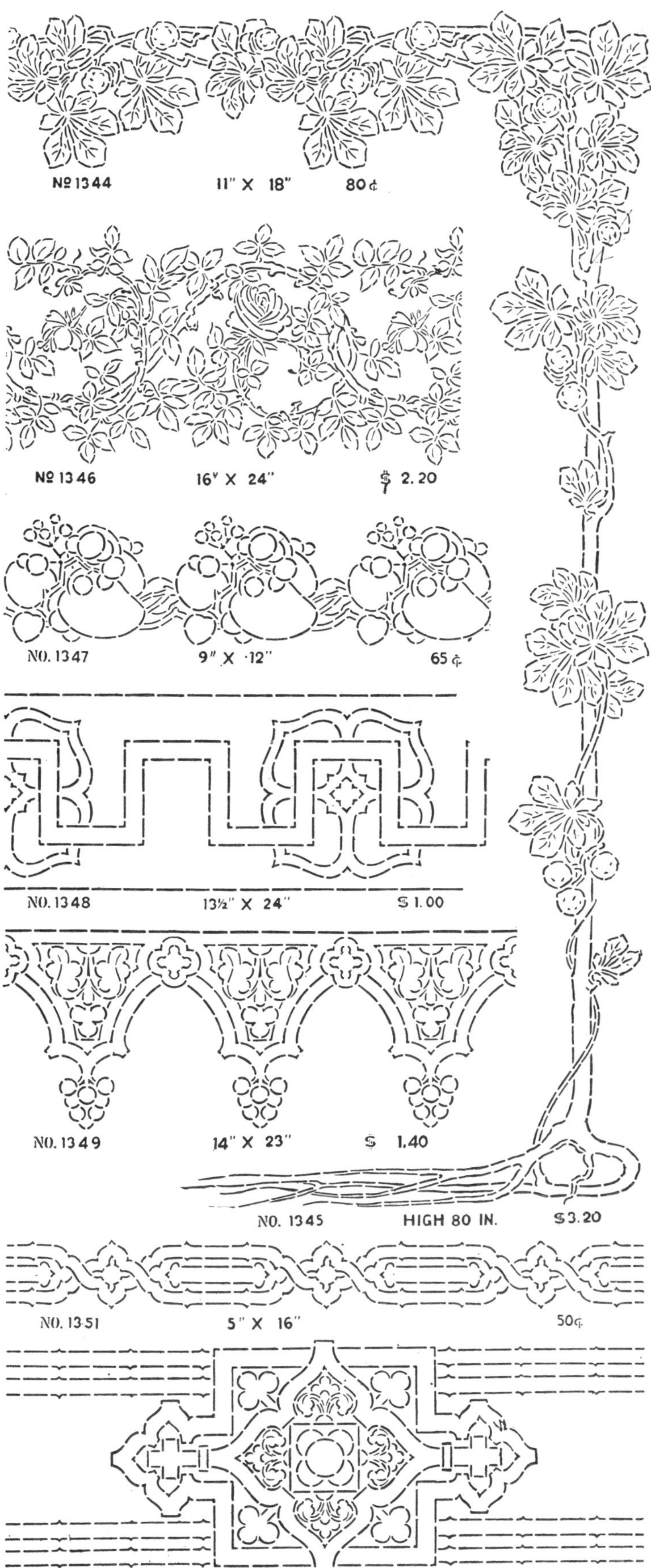

All prices are Net. F. O. B. Chicago.

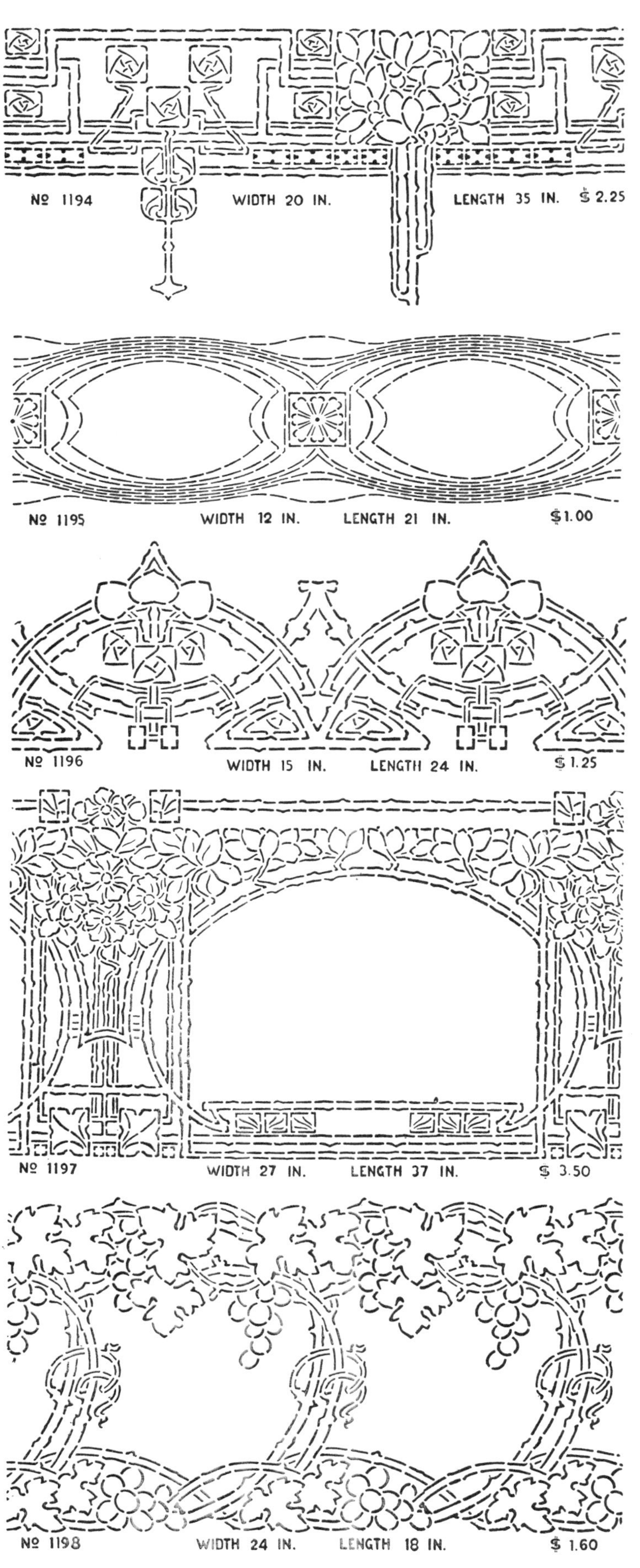

All prices are Net. F. O. B. Chicago.

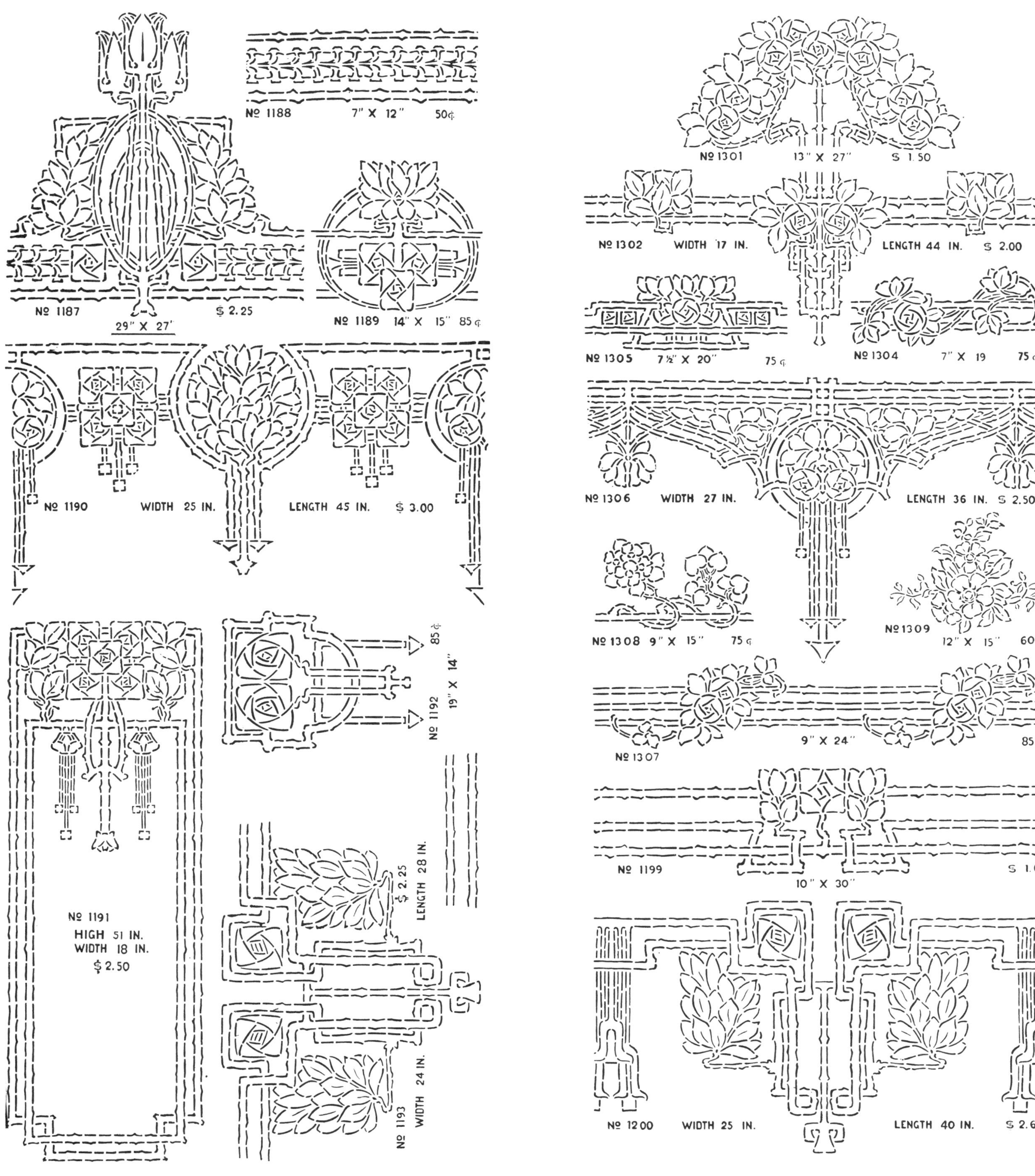

All prices are Net. F. O. B. Chicago.

Nº 1122 7" X 27" $1.00

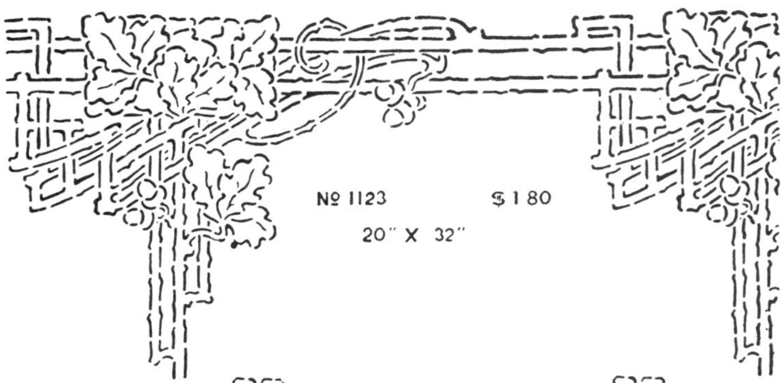

Nº 1123 $1.80 20" X 32"

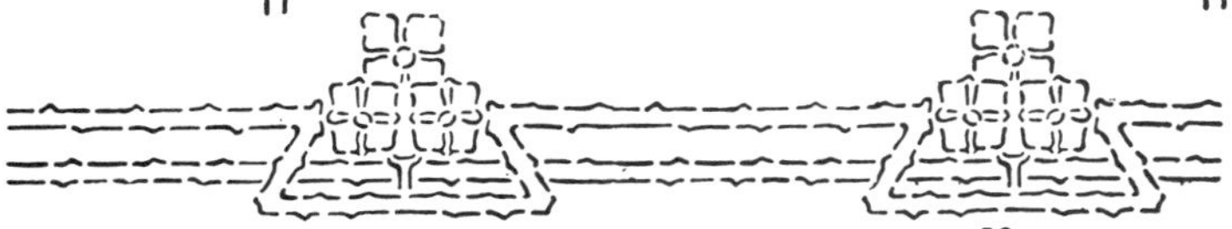

Nº 1124 7" X 22" 50¢

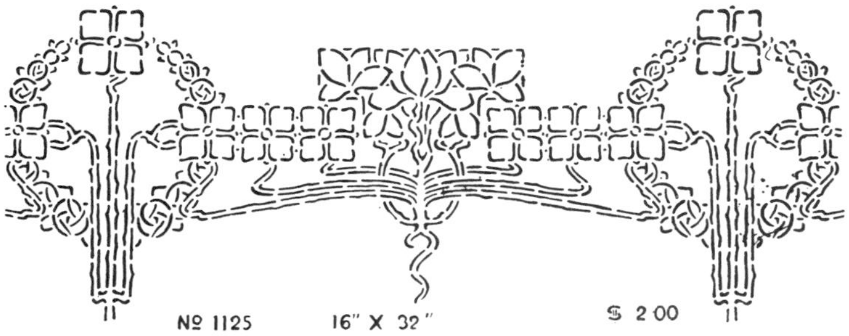

Nº 1125 16" X 32" $2.00

Nº 1126 15" X 24" $1.60

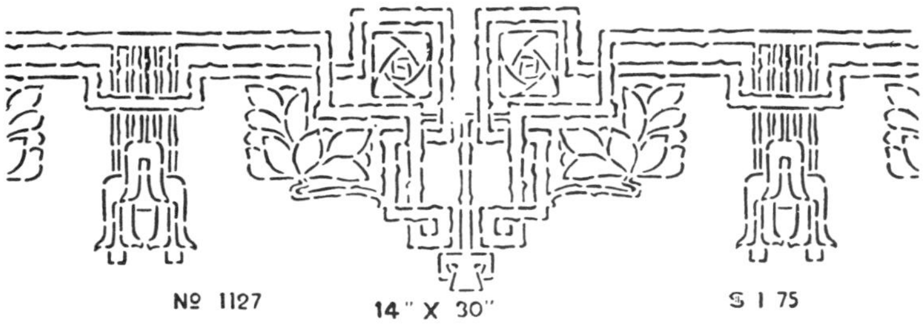

Nº 1127 14" X 30" $1.75

Nº 1128 16" X 18" $1.60

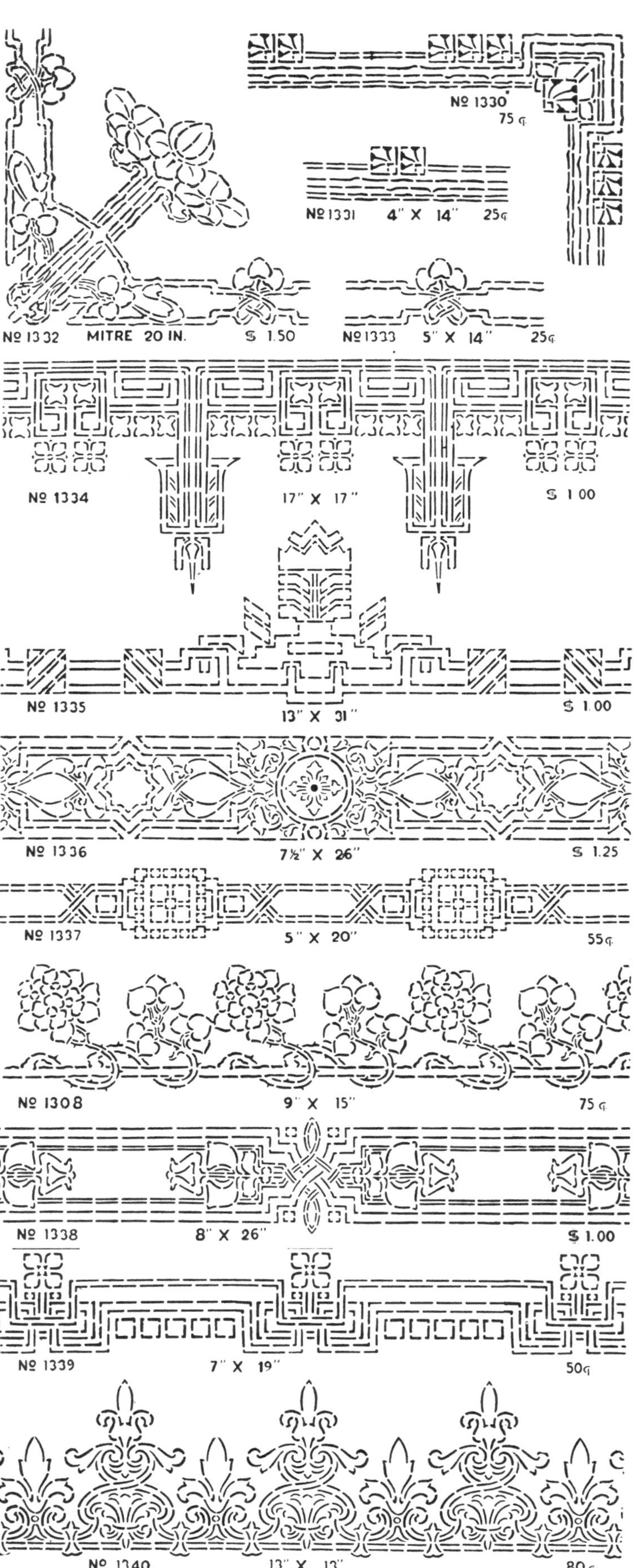

All prices are Net. F. O. B. Chicago.

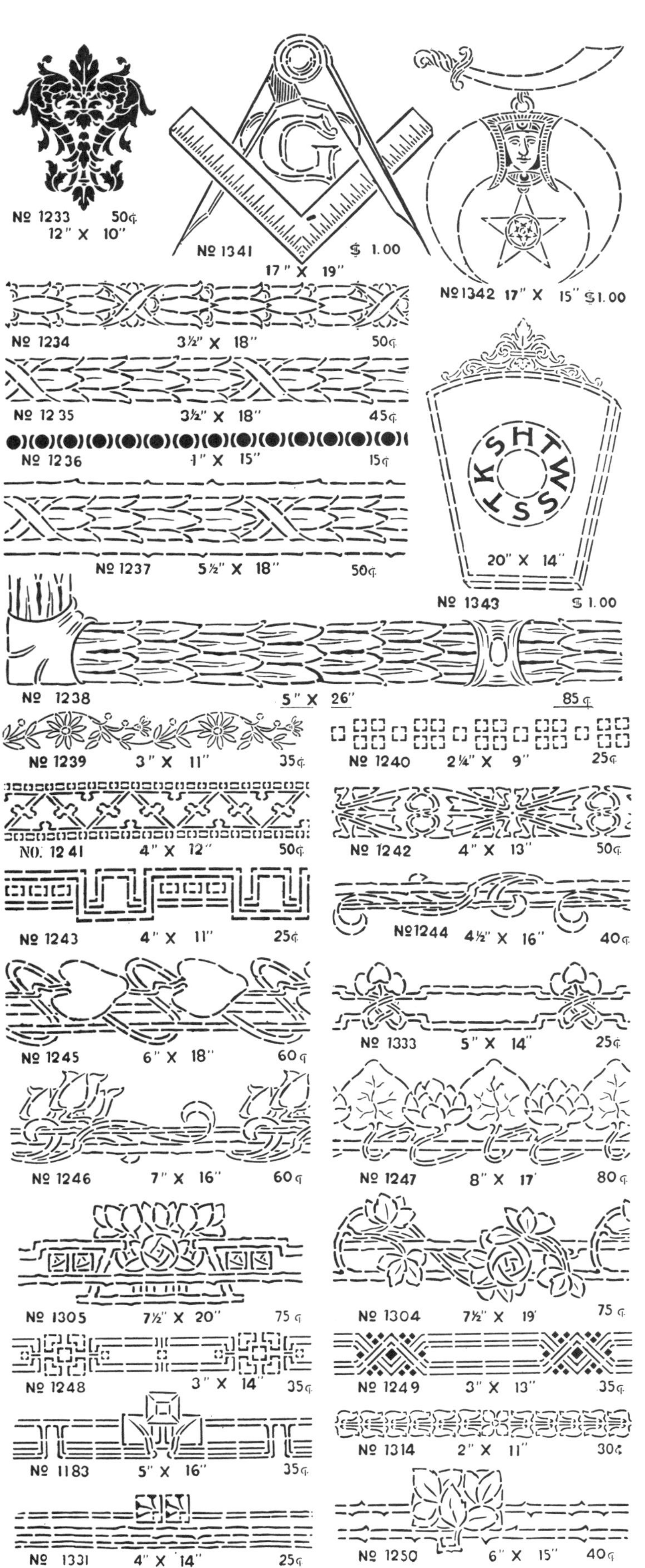

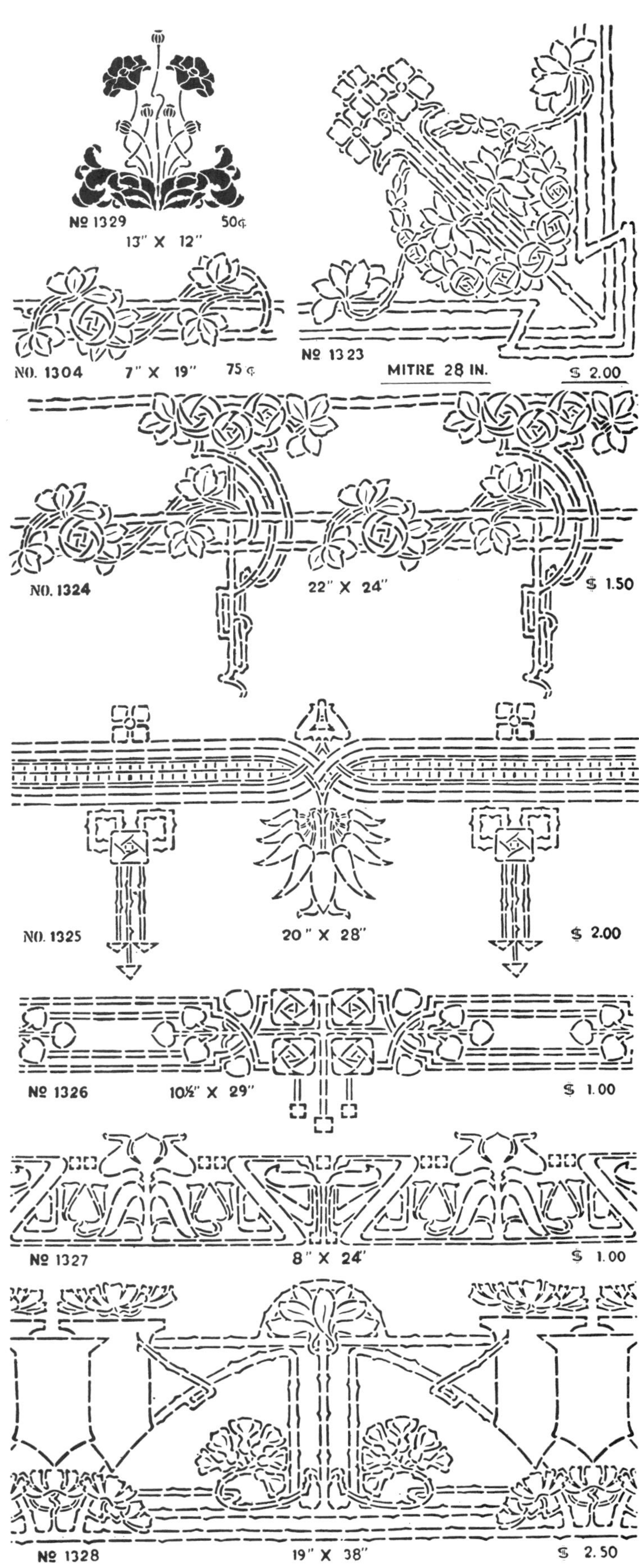

All prices are Net. F. O. B. Chicago.

All prices are Net. F. O. B. Chicago.

No. 333 WIDTH 9 IN. LENGTH 15 IN. 50¢

No. 334 WIDTH 16 IN LENGTH 14 IN $ 1.10

No. 335 WIDTH 18 IN LENGTH 16 IN. 80 ¢

No. 337 W. 17 IN. L. 18 IN. $ 1.00

No. 336 MITRE 24 IN. $ 1,00 No. 157 10¢

No. 339 W 12 IN. L. 25 IN. 90¢ No. 338 MITRE 18 IN. 90 ¢

No. 340 WIDTH 13 IN. LENGTH 31 IN. $ 1.00

No. 250 WIDTH 18 IN. LENGTH 17 IN. $ 1.10

No. 430 WIDTH 15 IN. LENGTH 30 IN. $ 1.20

No. 249 WIDTH 18 IN. LENGTH 20 IN. $ 1.40

No. 440 WIDTH 14 IN. LENGTH 33 IN. $ 1.20

No. 495 WIDTH 16 IN. LENGTH 28 IN. $ 1.50

No. 439 WIDTH 12 IN. LENGTH 28 IN. $ 1.00

All prices are Net. F. O. B. Chicago.

№ 461 WIDTH 5 IN. LENGTH 22 IN. 65¢

№ 429 WIDTH 15 IN LENGTH 48 IN $2.45

№ 236 WIDTH 5 IN. LENGTH 14 IN. 45¢

№ 451 WIDTH 11 IN LENGTH 24 IN $1.10

№ 481 WIDTH 16 IN. LENGTH 40 IN $5.00

№ 411 WIDTH 17 IN LENGTH 24 IN $1.40

№ 251 WIDTH 21 IN. LENGTH 23 IN. $1.75

94

№ 457 WIDTH 20 IN. LENGTH 26 IN. $ 1.10

№ 246 WIDTH 11 IN. LENGTH 11 IN. 55¢

№ 468 WIDTH 16 IN. LENGTH 32 IN. $ 1.30

№ 253 WIDTH 11 IN. LENGTH 12 IN. 65¢

№ 450 WIDTH 15 IN. LENGTH 27 IN. $ 1.30

№ 494 WIDTH 21 IN. LENGTH 18 IN. $ 1.40

95

№ 432 WIDTH 16 IN LENGTH 24 IN. $ 1.20

№ 482 WIDTH 13 IN. LENGTH 13 IN. 80¢

№ 458 WIDTH 12 IN LENGTH 20 IN. $ 1.00

№ 446 WIDTH 9 IN LENGTH 24 IN. $ 1.10

№ 441 WIDTH 17 IN LENGTH 24 IN. $ 1.10

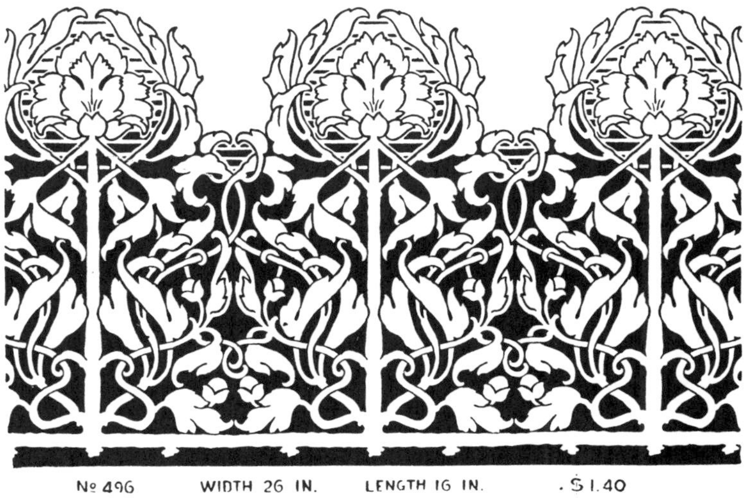

№ 496 WIDTH 26 IN. LENGTH 16 IN. $ 1.40

All prices are Net. F. O. B. Chicago.

Nº 410 WIDTH 16 IN. LENGTH 17 IN. 75¢

Nº 471 WIDTH 16 IN LENGTH 18 IN 85¢

Nº 499 WIDTH 14 IN. LENGTH 17 IN. 70¢

Nº 491 WIDTH 16 IN LENGTH 25 IN $1.20

Nº 478 WIDTH 36 IN. LENGTH 36 IN. $2.50

Nº 493 WIDTH 17 IN. LENGTH 17 IN. 75¢

Nº 445 WIDTH 10 IN. LENGTH 25 IN. 75¢

Nº 500 WIDTH 15 IN. LENGTH 14 IN. 65¢

Nº 428 WIDTH 17 IN. LENGTH 20 IN. $1.00

Nº 480 WIDTH 36 IN. LENGTH 36 IN. $2.50

All prices are Net. F. O. B. Chicago.

№ 264 WIDTH 12 IN. LENGTH 26 IN. 75¢

№ 263 WIDTH 27 IN. LENGTH 25 IN. $1.75

№ 414 WIDTH 10 IN. LENGTH 23 IN. 75¢

№ 415 WIDTH 16 IN. LENGTH 32 IN. $1.10

№ 479 WIDTH 36 IN. LENGTH 36 IN. $2.50

№ 436 WIDTH 17 IN. LENGTH 30 IN. $1.00

№ 413 WIDTH 9 IN LENGTH 21 IN. 60¢

№ 437 WIDTH 17 IN LENGTH 30 IN. $1.30

№ 465 WIDTH 10 IN LENGTH 23 IN 75¢

№ 435 WIDTH 17 IN LENGTH 37 IN $1.30

№ 412 WIDTH 9 IN LENGTH 24 IN. 60¢

№ 405 WIDTH 15 IN. LENGTH 21 IN. $1.00

All prices are Net. F. O. B. Chicago.

100
DIAMETER 8 IN.
Nº 319 40¢
DIAMETER 8 IN.
Nº 320 30¢
Nº 426 W. 16 IN. L. 23 IN. 75¢
Nº 456 WIDTH 8 IN. LENGTH 34 IN. 75¢
Nº 427 WIDTH 16 IN. LENGTH 28 IN. $1.00
Nº 321 W. 5 IN. L. 20 IN. 35¢
Nº 431 WIDTH 16 IN. LENGTH 35 IN. 75¢
Nº 425 WIDTH 15 IN. LENGTH 26 IN. 90¢
Nº 455 WIDTH 8 IN. LENGTH 21 IN. 60¢
Nº 433 WIDTH 16 IN. LENGTH 34 IN. $1.40
101
Nº 452 WIDTH 9 IN. LENGTH 20 IN. $1.00
Nº 498 WIDTH 17 IN. LENGTH 14 IN. 75¢
Nº 463 WIDTH 12 IN. LENGTH 19 IN. 90¢
Nº 448 WIDTH 10 IN. LENGTH 30 IN. 80¢
Nº 487 WIDTH 14 IN. LENGTH 18 IN. 90¢
Nº 447 WIDTH 9 IN. LENGTH 28 IN. 85¢
Nº 449 WIDTH 16 IN. LENGTH 29 IN. $1.20
Nº 467 WIDTH 7 IN. LENGTH 17 IN. 45¢
All prices are Net. F. O. B. Chicago.

Nº 595 40 ¢

Nº 594 W 6 IN. L. 14 IN 40¢

Nº 593 WIDTH 11 IN LENGTH 20 IN $ 1.10

Nº 597 30¢

Nº 596 MITRE 30 IN. $ 1.75

Nº 597 W 8 IN L 21 IN 30¢

Nº 598 W 19 IN L 22 IN 75¢

Nº 592 WIDTH 12 IN LENGTH 42 IN $ 1.00

Nº 602 WIDTH 12 IN LENGTH 24 IN 60 ¢

Nº 542 WIDTH 20 IN. LENGTH 19½ IN. $ 1.00

Nº 543 WIDTH 10 IN. LENGTH 21 IN. 60¢

Nº 178 WIDTH 4 IN. LENGTH 16 IN. 10¢

Nº 179 WIDTH 3 IN. LENGTH 12 IN. 10¢

Nº 544 WIDTH 18 IN. LENGTH 42 IN. $ 1.40

Nº 181 WIDTH 6 IN. LENGTH 15 IN. 15¢

Nº 545 WIDTH 16 IN. LENGTH 32 IN. $ 1.10

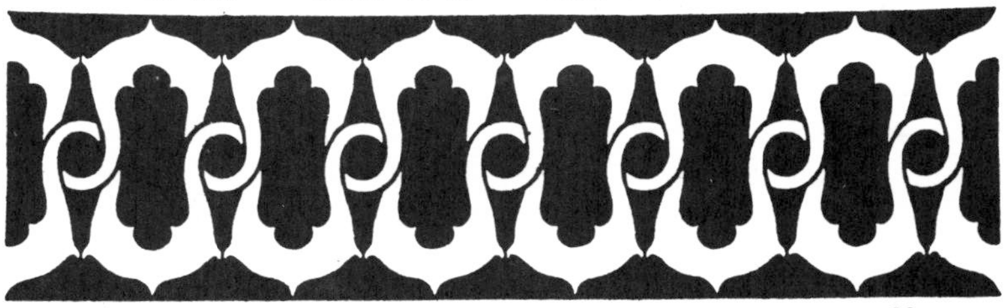

Nº 180 WIDTH 12 IN. LENGTH 12 IN. 30¢

All prices are Net. F. O. B. Chicago.

104

№ 442 WIDTH 14 IN LENGTH 13 IN. 60¢

№ 228 WIDTH 5 IN LENGTH 15 IN 35¢

№ 492 WIDTH 17 IN LENGTH 8 IN 80¢

№ 254 WIDTH 13 IN. LENGTH 22 IN. 90¢

№ 489 WIDTH 22 IN. LENGTH 14 IN. 80¢

№ 314 WIDTH 8 IN. LENGTH 16 IN. 50¢

№ 248 WIDTH 15 IN. LENGTH 20 IN. $1.20

105

№ 443 WIDTH 12 IN LENGTH 14 IN 60¢

№ 232 WIDTH 5 IN. LENGTH 13 IN 35¢

№ 488 WIDTH 17 IN LENGTH 9 IN 70¢

№ 261 WIDTH 10 IN LENGTH 22 IN. 65¢

№ 497 WIDTH 23 IN LENGTH 15 IN $1.00

№ 490 WIDTH 10 IN LENGTH 18 IN 50¢

№ 247 WIDTH 16 IN. LENGTH 22 IN. $1.40

All prices are Net. F. O. B. Chicago.

№ 459 WIDTH 13 IN. LENGTH 13 IN. 50¢

№ 234 WIDTH 5 IN. LENGTH 13 IN. 40¢

№ 237 WIDTH 11 IN. LENGTH 12 IN 45¢

№ 241 WIDTH 5½ IN LENGTH 13 IN. 30¢

№ 260 WIDTH 16 IN. LENGTH 8 IN. 50¢

№ 67 WIDTH 6 IN LENGTH 13 IN. 25¢

№ 210 WIDTH 15 IN LENGTH 9 IN. 60¢

№ 244 WIDTH 5 IN. LENGTH 11 IN. 30¢

№ 483 WIDTH 12 IN LENGTH 8 IN. 50¢

№ 215 WIDTH 7 IN. LENGTH 16 IN. 40¢

№ 231 WIDTH 5 IN LENGTH 12 IN 35¢

№ 222 WIDTH 6 IN. LENGTH 14 IN 30¢

№ 417 WIDTH 9 IN LENGTH 15 IN 50¢

№ 240 WIDTH 6 IN LENGTH 10 IN 30¢

№ 454 WIDTH 8 IN. LENGTH 16 IN 40¢

№ 219 WIDTH 6½ IN LENGTH 13 IN 30¢

№ 211 WIDTH 7½ IN LENGTH 14 IN. 40¢

№ 235 WIDTH 7 IN. LENGTH 9 IN 40¢

№ 484 WIDTH 7 IN LENGTH 13 IN. 40¢

№ 252 WIDTH 16 IN. LENGTH 12 IN. 75¢

All prices are Net. F. O. B. Chicago.

Nº 607 30¢ Nº 606 WIDTH 9 IN LENGTH 17 IN. 70¢

Nº 608 30¢ Nº 610 W. IN L IN 45¢ Nº 609 40¢

Nº 611 W. 7½ IN L 13 IN. 30¢ Nº 612 W 7½ IN L 13 IN. 30¢

Nº 613 WIDTH 7½ IN. LENGTH 33 IN. 80¢

Nº 13 W 2¼ IN L 17 IN 15¢

Nº 245 W 6 IN L 13 IN 35¢ CORNER Nº 614 30¢

Nº 616 CORNER 25¢ Nº 215 W 7 IN L 16 IN 40¢

Nº 12 W ¾ IN L 12 IN 10¢

Nº 222 W 6 IN L 14 IN 30¢ CORNER Nº 615 30¢

Nº 618 WIDTH 7 IN LENGTH 15 IN. 50¢

Nº 617 WIDTH 6½ IN. LENGTH 18 IN 75¢

Nº 619 W 7 IN. L 9 IN 50¢ Nº 620 W 6½ IN L 9 IN. 50¢

All prices are Net. F. O. B. Chicago.

Nº 637 WIDTH 14 IN. LENGTH 14 IN. 65¢

Nº 702 25¢ Nº 703 WIDTH 6¼ IN. LENGTH 12 IN. 45¢

Nº 704 WIDTH 2½ IN. LENGTH 13 IN. $ 25¢

Nº 705 WIDTH 7 IN. LENGTH 17 IN. $ 70¢

Nº 706 25¢ Nº 707 WIDTH 6 IN. LENGTH 13 IN. 45¢

Nº 708 WIDTH 8 IN. LENGTH 10½ IN. 40¢

Nº 710 35¢

Nº 711 WIDTH 6 IN. LENGTH 12 IN. 40¢

Nº 709 WIDTH 7 IN. LENGTH 11 IN. 60¢

Nº 712 WIDTH 5 IN LENGTH 10 IN 45¢

Nº 713 W. 4 IN L. 9 IN. 25¢

Nº 639 W. 8½ IN. L 14 IN. 40¢

Nº 714 W. 2¼ IN. L. 7 IN. 15¢

Nº 638 MITRE 24 IN. $1.20

Nº 844 W 3 IN. L. 12 IN. 20¢

Nº 845 W. 2 IN. L. 9 IN. 15¢

Nº 846 W 5¾ IN. L. 14 IN. 45¢

Nº 847 W. 1¾ IN. L 12 IN. 20¢

Nº 848 W. 6 IN L. 15 IN. 45¢

Nº 849 W ¾ IN. L. 12 IN. 10¢

Nº 850 W. 9 IN. L. 11 IN. 45¢

Nº 851 W. 4½ IN. L. 17 IN. 45¢

Nº 852 W. 1¾ IN. L. 11 IN. 15¢

Nº 853 W. 5½ IN. L. 10 IN. 35¢

Nº 854 W 3½ IN. L. 10 IN. 25¢

Nº 855 W. 1½ IN. L. 10 IN. 15¢

Nº 856 W. 5½ IN. L. 14 IN. 45¢

Nº 857 W. 1¼ IN. L. 13 IN. 15¢

Nº 858 W. 6 IN. L. 14 IN. 45¢

Nº 859 W. ¾ IN. L. 10 IN. 15¢

Nº 860 W. 8 IN. L. 10 IN. 40¢

Nº 861 W. 9 IN. L. 13 IN. 50¢

Nº 862 W. 6 IN. L. 5 IN. 25¢

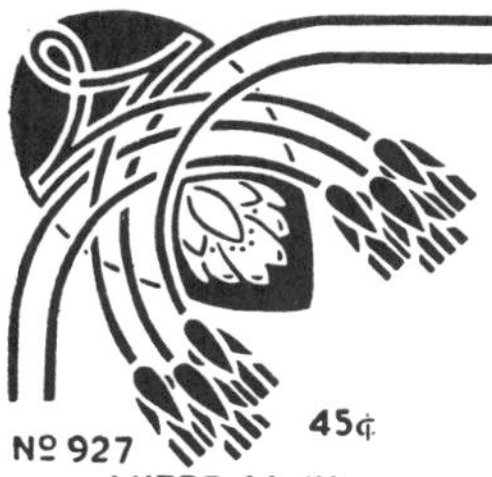

Nº 928 20¢

Nº 927 45¢
MITRE 14 IN.

Nº 929 W. 1 IN. L. 15 IN. 5¢

Nº 930 $ 1.00
W. 22 IN., L. 25 IN.

Nº 931 W. 3 IN. L. 20 IN. 30¢

Nº 932 W. 3½ IN. L. 21 IN. 30¢

All prices are Net. F. O. B. Chicago.

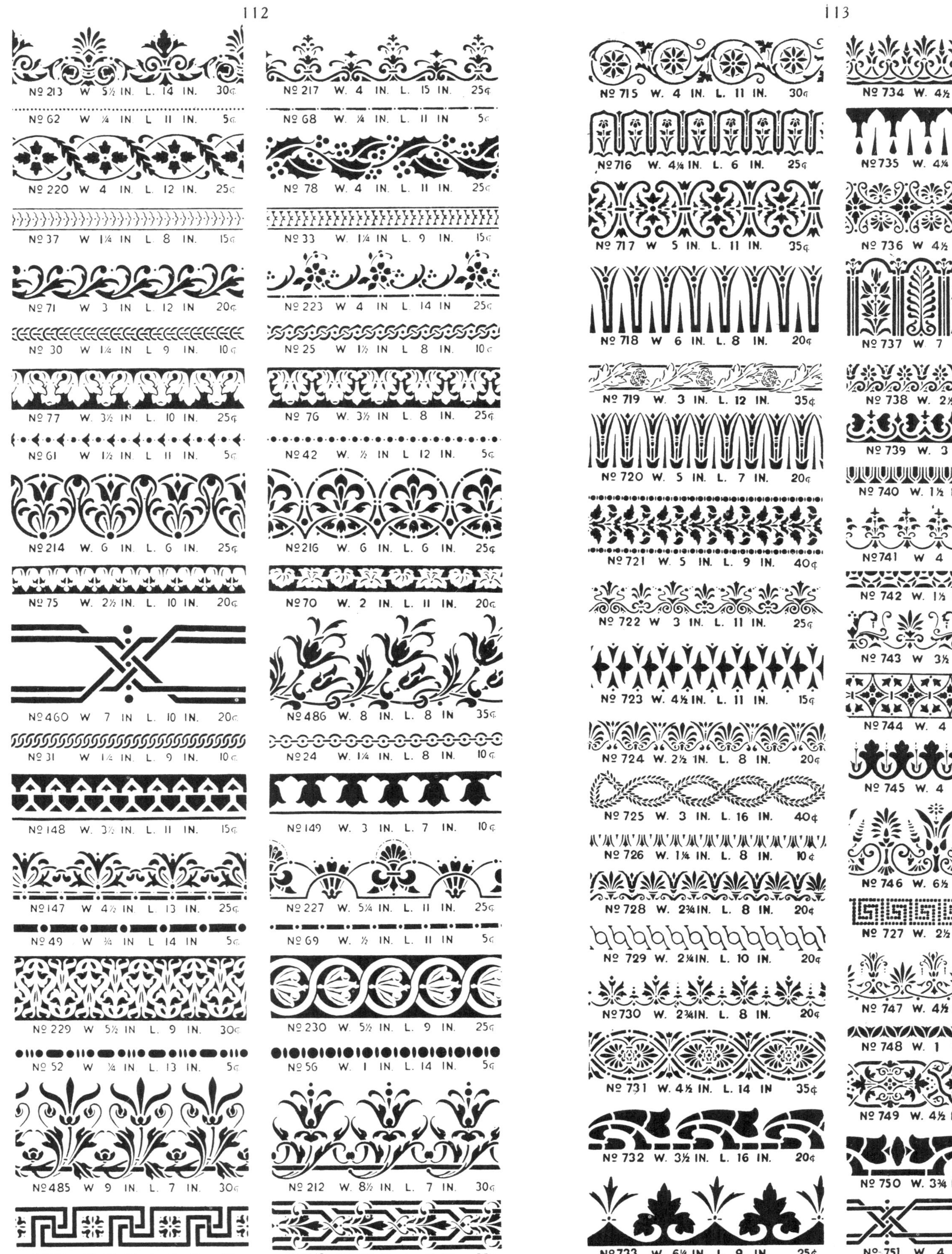

All prices are Net. F. O. B. Chicago.

Nº 54 W. 2¾ IN. L. 12 IN. 15¢

Nº 48 W. 1½ IN. L. 9 IN. 10¢

Nº 51 W. 2¼ IN. L. 10 IN. 10¢

Nº 26 W. 1½ IN. L. 10 IN. 15¢

Nº 21 W. 2¾ IN. L. 13 IN. 15¢

Nº 35 W. 2¼ IN. L. 11 IN. 15¢

Nº 83 W. 3 IN. L. 10 IN. 20¢

Nº 47 W. 1½ IN. L. 12 IN. 5¢

Nº 38 W. 2 IN. L. 8 IN. 15¢

Nº 45 W. 2 IN. L. 12 IN. 5¢

Nº 41 W. ¾ IN. L. 9 IN. 5¢

Nº 23 W. 2 IN. L. 8 IN. 15¢

Nº 55 W. 3 IN. L. 11 IN. 10¢

Nº 85 W. 3 IN. L. 6 IN. 15¢

Nº 84 W. 1½ IN. L. 9 IN. 5¢

Nº 60 W. 3½ IN. L. 9 IN. 25¢

Nº 64 W. 1½ IN. L. 10 IN. 15¢

Nº 58 W. 6 IN. L. 14 IN. 40¢

Nº 27 W 2½ IN. L. 12 IN. 15¢

Nº 469 W 8 IN L. 12 IN. 60¢

Nº 201 MITRE 8 IN. 30¢

Nº 203 W. 3¼ IN. L. 11 IN. 20¢

Nº 43 W. 1¼ IN. L. 11 IN. 15¢

Nº 65 W. 2¼ IN. L. 9 IN. 15¢

Nº 221 W. 2 IN. L. 12 IN. 15¢

Nº 22 W. 2¾ IN. L. 13 IN. 15¢

Nº 36 W. 2 IN. L. 10 IN. 15¢

Nº 82 W. 4 IN. L. 11 IN. 25¢

Nº 46 W. 1 IN. L. 12 IN. 5¢

Nº 32 W. 2 IN. L. 9 IN. 15¢

Nº 53 W. 2 IN. L. 13 IN. 10¢

Nº 29 W. ½ IN. L. 9 IN. 5¢

Nº 28 W. 2½ IN. L. 12 IN. 15¢

Nº 80 W. 3½ IN. L. 12 IN. 20¢

Nº 420 W. 3½ IN. L. 7 IN. 15¢

Nº 74 W. 2 IN. L. 12 IN. 15¢

Nº 476 W. 4 IN. L. 11 IN. 40¢

Nº 44 W. 1½ IN. L. 12 IN. 10¢

Nº 59 W. 5½ IN. L. 9 IN. 25¢

Nº 34 W. 2 IN. L. 12 IN. 15¢

Nº 470 MITRE 11 IN. 50¢

Nº 204 W. 5½ IN. L. 14 IN. 30¢

Nº 936 12" X 10" 65¢

Nº 1208 2¼" X 13" 30¢

Nº 1209 1½" X 14" 25¢

Nº 1210 4" X 9" 40¢

Nº 1211 4" X 12" 40¢

Nº 1212 3" X 12" 35¢

Nº 1213 3" X 11" 40¢

Nº 1214 5½" X 10" 40¢

Nº 1215 5½" X 19" 45¢

Nº 1216 3" X 15" 30¢

Nº 1217 3" X 12" 30¢

Nº 1218 3" X 10" 35¢

Nº 1219 3" X 10" 40¢

Nº 1220 4" X 16" 40¢

Nº 1221 4¼" X 15" 40¢

Nº 1222 5½" X 15" 40¢

Nº 1223 4¼" X 10" 35¢

Nº 1224 4½" X 12" 25¢

Nº 1225 4½" X 12" 40¢

Nº 1229 3⅛" X 15" 50¢

Nº 1231 3¼" X 14" 35¢

Nº 1230 3½" X 15" 50¢

Nº 1232 2" X 11" 35¢

Nº 1226 7" X 24" 40¢

Nº 1227 6" X 12" 40¢

Nº 630 7" X 17" 50¢

Nº 1228 MITRE 18 60¢

All prices are Net. F. O. B. Chicago.

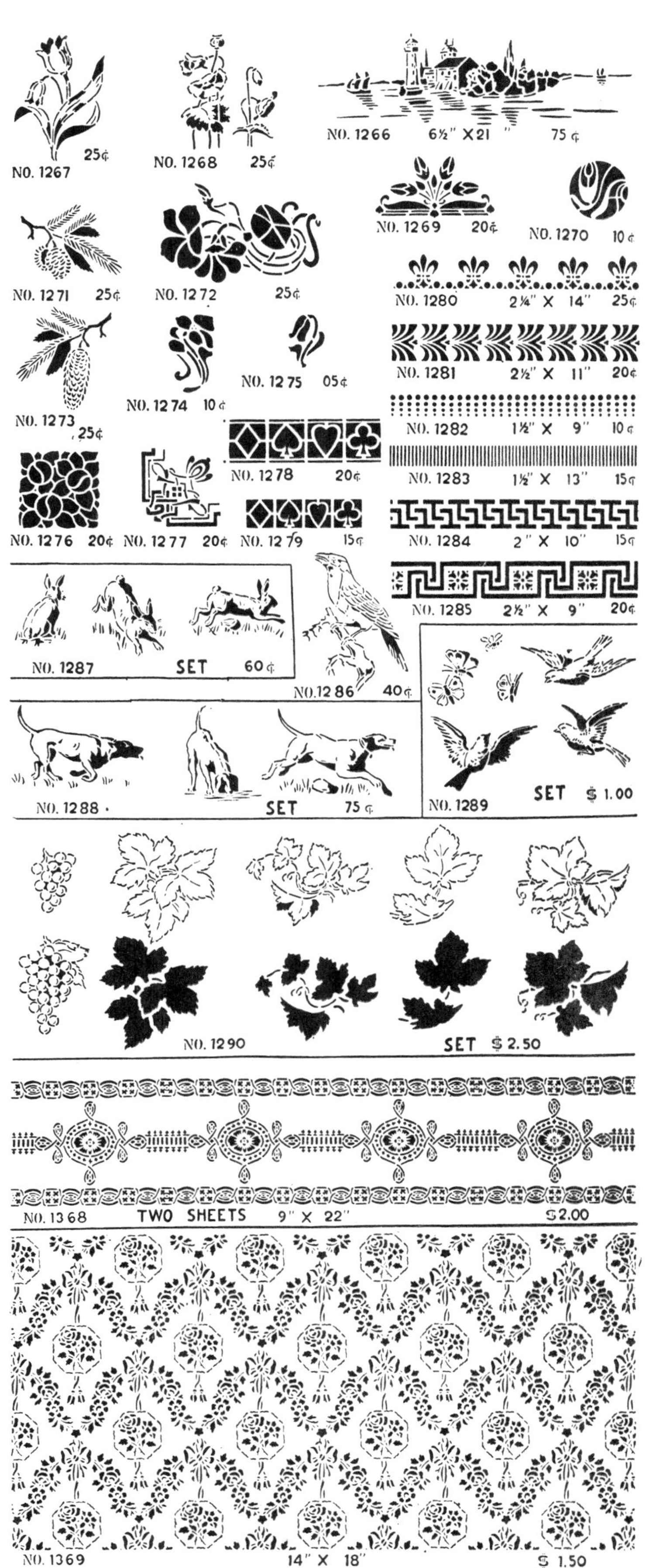

№ 309 W. 4½ IN. L. 8 IN. 20¢
№ 310 W. 3½ IN. L. 9 IN. 15¢

№ 144 5¢
№ 115 6 X 7 25¢
№ 112 6¾ X 8 30¢
№ 116 20¢
№ 117 15¢
№ 114 15¢
№ 113 15¢

№ 93 5¢
№ 103 6¾ X 8 30¢
№ 109 6¾ X 8 30¢
№ 104 15¢
№ 105 15¢
№ 111 10¢
№ 110 10¢

№ 138 15¢
№ 139 10¢
№ 135 10¢
№ 134 10¢

№ 89 5¢
№ 106 6 X 6 30¢
№ 146 5¢
№ 99 15¢
№ 108 10¢
№ 107 10¢
№ 98 15¢

№ 209 10¢
№ 122 15¢
№ 123 15¢
№ 125 15¢
№ 124 15¢

№ 88 15¢
№ 126 15¢
№ 127 15¢
№ 129 10¢
№ 128 10¢

№ 86 3 X 16 35¢
№ 72 5 X 12 50¢
№ 73 3 X 9 35¢

№ 130 15¢
№ 131 15¢
№ 133 20¢
№ 132 20¢
№ 100 8 X 8 40¢

№ 202 20¢
№ 101 15¢
№ 145 20¢
№ 102 20¢
№ 63 15¢

№ 96 10¢
№ 91 10¢
№ 90 15¢
№ 121 10¢
№ 81 20¢

№ 118 10¢
№ 119 15¢
№ 92 5¢
№ 57 5¢
№ 137 10¢
№ 136 10¢

№ 40 3 X 10 15¢
№ 97 10¢
№ 94 5¢
№ 95 5¢
№ 120 10¢

№ 140 15¢
№ 141 20¢
№ 142 15¢
№ 143 15¢

№ 311 7 X 15 30¢
№ 312 15 X 14 50¢
№ 313 7 X 16 30¢

№ 307 W. 6½ IN. L. 8 IN. 25¢
№ 308 W. 6½ IN. L. 8 IN. 25¢

All prices are Net. F. O. B. Chicago.

All prices are Net. F. O. B. Chicago.

Nº 1201 W 2¼ IN L. 15 IN 15¢

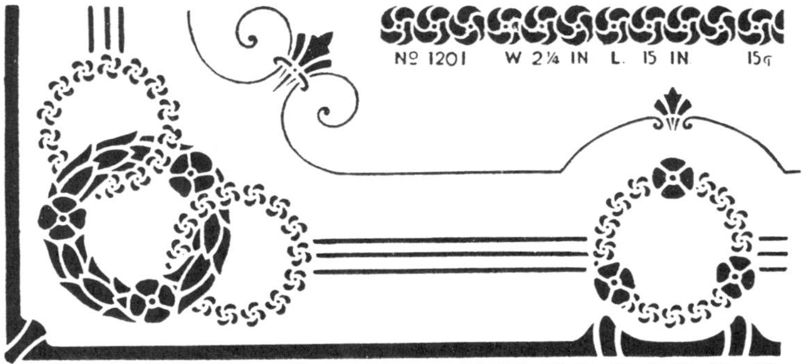

Nº 955 MITRE 25 IN. 80¢

Nº 956 W 15 IN L. 13 IN 45¢

Nº 957 WIDTH 13½ IN. LENGTH 21 IN. 75¢

Nº 1202 W 7 IN L. 15 IN 25¢

Nº 958 MITRE 23 IN. 70¢

Nº 959 W 11 IN L. 16 IN. 35¢

Nº 960 WIDTH 18 IN. LENGTH 18 IN. 75¢

Nº 961 WIDTH 10 IN. LENGTH 25 IN. 50¢

Nº 962 WIDTH 11 IN. LENGTH 23 IN. 65¢

Nº 915 W 6 IN. L. 15 IN. 25¢

Nº 916 RADIUS 18 IN. 20¢

Nº 914 MITRE 27 IN. 85¢

Nº 917 WIDTH 11 IN. LENGTH 16 IN. 40¢

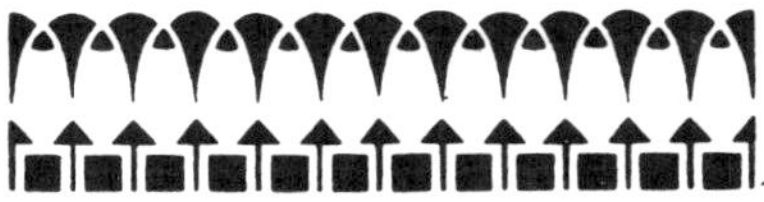

Nº 920 W 5½ IN. L. 13 IN. 20¢

Nº 918 W. 15 IN. L. 21 IN. 65¢

Nº 919 W. 3½ IN. L. 19 IN. 30¢

Nº 921 WIDTH 12 IN. LENGTH 18 IN. 60¢

Nº 923 W 2½ IN. L. 16 IN. 15¢

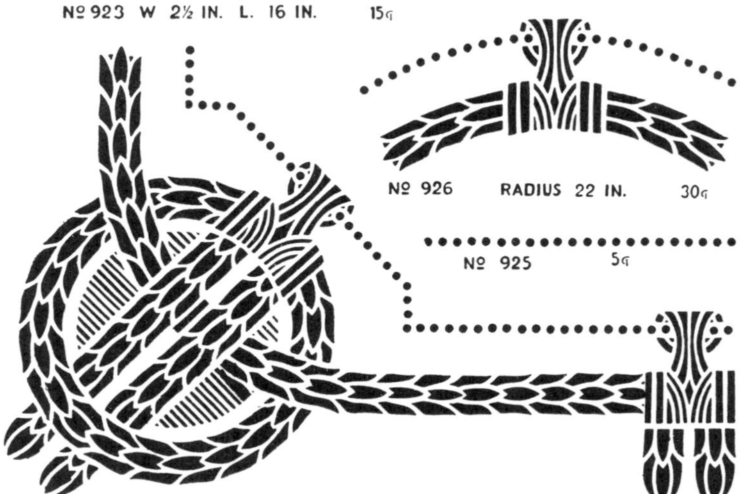

Nº 926 RADIUS 22 IN. 30¢

Nº 925 5¢

Nº 922 MITRE 25 IN. 90¢

Nº 924 15¢

All prices are Net. F. O. B. Chicago.

All prices are Net. F. O. B. Chicago.

Nº 989 RADIUS 19 IN. 75¢

Nº 990 MITRE 19 IN. 75¢

Nº 991 WIDTH 12 IN. LENGTH 32 IN. 75¢

Nº 869 W 5 IN L. 9 IN. 30¢

Nº 992 W 12 IN. L. 21 IN. 60¢

Nº 993 MITRE 31 IN. $ 1.20

Nº 994 W. 12 IN. L. 20 IN. 50¢

Nº 995 WIDTH 15 IN. LENGTH 18 IN. 60¢

Nº 880 WIDTH 6 IN. LENGTH 19 IN. 45¢

Nº 996 WIDTH 14 IN. LENGTH 20 IN. 60¢

Nº 938 W. 11 IN. L. 16 IN. 30¢

Nº 937 MITRE 28 IN. 70¢

Nº 940 W 11 IN. L. 18 IN. 30¢

Nº 939 MITRE 23 IN. 70¢

Nº 941 WIDTH 13 IN. LENGTH 20 IN. 60¢

Nº 935 W 5 IN. L. 17 IN. 20¢

Nº 942 MITRE 24 IN. 75¢

Nº 943 W. 12 IN. L. 24 IN. 45¢

Nº 944 WIDTH 16 IN. LENGTH 25 IN. 75¢

Nº 1203 W. 2½ IN. L. 16 IN. 15¢

Nº 1204 W. 2 IN. L. 16 IN. 15¢

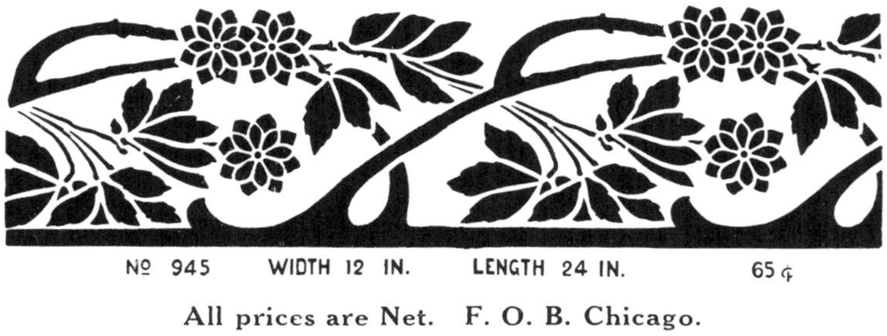

Nº 945 WIDTH 12 IN. LENGTH 24 IN. 65¢

All prices are Net. F. O. B. Chicago.

Nº 1129 12" X 21" $1.00

Nº 1130 6" X 12" 45¢

Nº 1131 14" X 10" 75¢

Nº 1132 8" X 9" 50¢

Nº 1133 16" X 14" 1.00

Nº 1134 14½" X 10" 60¢

Nº 1135 7½" X 11" 40¢

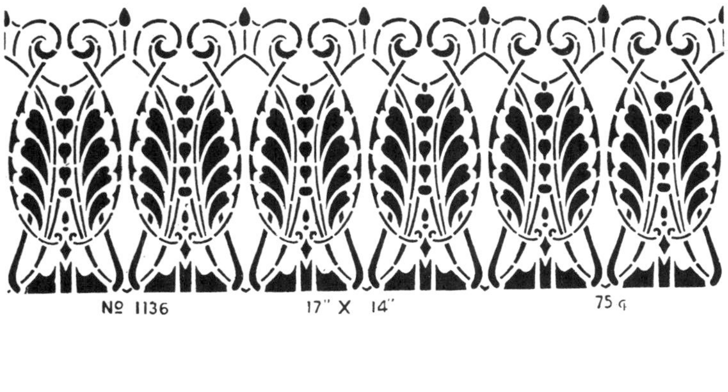

Nº 1136 17" X 14" 75¢

Nº 997 WIDTH 9 IN. LENGTH 27 IN. 85¢

Nº 873 30¢  Nº 874 30¢

Nº 875 30¢

Nº 877  Nº 878 30¢

Nº 876 30¢

Nº 879 WIDTH 6 IN. LENGTH 14 IN. 45¢

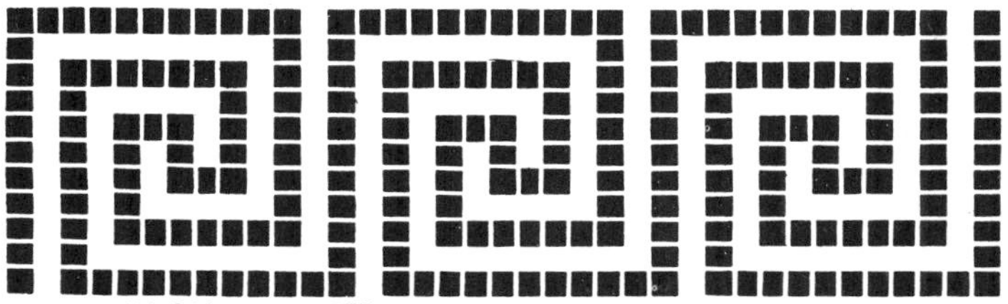

Nº 881 WIDTH 12 IN. LENGTH 14 IN. 50¢

Nº 883 WIDTH 11 IN. LENGTH 15 IN. 70¢

Nº 998 WIDTH 10 IN. LENGTH 23 IN. 80¢

Nº 882 WIDTH 5 IN. LENGTH 15 IN. 30¢

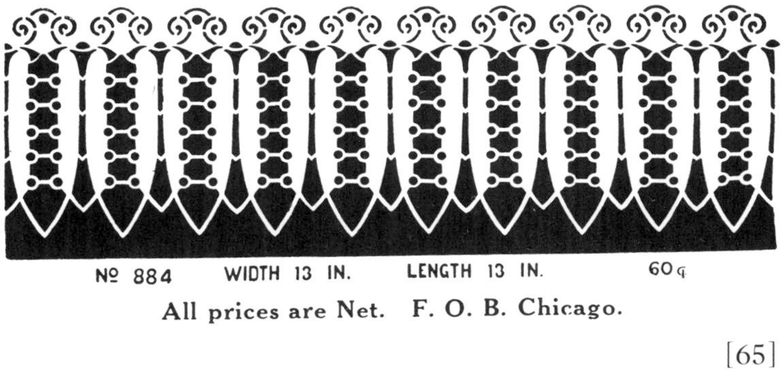

Nº 884 WIDTH 13 IN. LENGTH 13 IN. 60¢

All prices are Net. F. O. B. Chicago.

Nº 946 MITRE 24 IN. 85¢

Nº 947 W. 10 IN. L. 10 IN. 50¢

Nº 948 WIDTH 12 IN. LENGTH 24 IN. $ 65¢

Nº 887 W 2½ IN. L. 13 IN. 25¢

Nº 949 MITRE 26 IN. 90¢

Nº 950 W. 12 IN. L. 19 IN. 50¢

Nº 951 WIDTH 13 IN. LENGTH 24 IN. 75¢

Nº 952 WIDTH 12 IN. LENGTH 22 IN. 50¢

Nº 953 MITRE 27 IN. 80¢

Nº 954 W. 17 IN. L. 18 IN. 60¢

Nº 888 W 4½ IN L 15 IN 25¢

Nº 889 W 5½ IN L 12 IN 35¢

Nº 886 WIDTH 6 IN. LENGTH 15 IN. 60¢

Nº 885 WIDTH 12½ IN. LENGTH 14 IN. 75¢

Nº 890 W 2 IN L. 12 IN 20¢

Nº 891 W 2 IN L 14 IN 15¢

Nº 892 WIDTH 4½ IN. LENGTH 17 IN 50¢

Nº 893 WIDTH 9 IN. LENGTH 12 IN. 45¢

Nº 894 W 2½ IN. L 10 IN 25¢

Nº 895 W 3 IN L 13 IN 25¢

Nº 896 W 6 IN L 13 IN 40¢

Nº 897 W 6 IN L 16 IN 40¢

Nº 898 W 8 IN L 8 IN 25¢

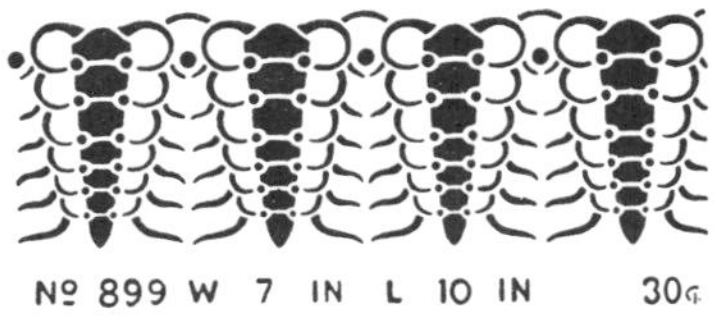

Nº 899 W 7 IN L 10 IN 30¢

Nº 999 WIDTH 14 IN. LENGTH 16 IN. 75¢

Nº 1000 WIDTH 10½ IN. LENGTH 32 IN. $ 1.25

All prices are Net. F. O. B. Chicago.

All prices are Net. F. O. B. Chicago.

Nº 287 WIDTH 22 IN. LENGTH 42 IN. $3.50

Nº 288 W. 19 IN. L. 21 IN. $2.00

Nº 289 W 19 IN L. 21 IN. $2.00

Nº 303 W. 5½ IN. L. 15 IN. 40¢

Nº 285 MITRE 22 IN. 70¢

Nº 286 W 15 IN L. 12 IN. 50¢

Nº 282 $3.00 W.30 IN. L.35 IN.

Nº 283 MITRE 21 IN. $1.20

Nº 303 40¢

Nº 284 W 16 IN. L. 19 IN. 50¢

Nº 1018 75¢

Nº 1019 75¢

Nº 1020 75¢

Nº 1021 75¢

Nº 1022 $1 75 35" X 12"

Nº 1023 WIDTH 14 IN. LENGTH 18 IN. $1 50

Nº 1014 75¢

Nº 1015 75¢

DIAMETER 15 IN.

Nº 1016 75¢

Nº 1017 75¢

Nº 1082 45¢ 10 X 15

Nº 1013 WIDTH 17 IN. LENGTH 48 IN. $2 50

All prices are Net. F. O. B. Chicago.

All prices are Net. F. O. B. Chicago.

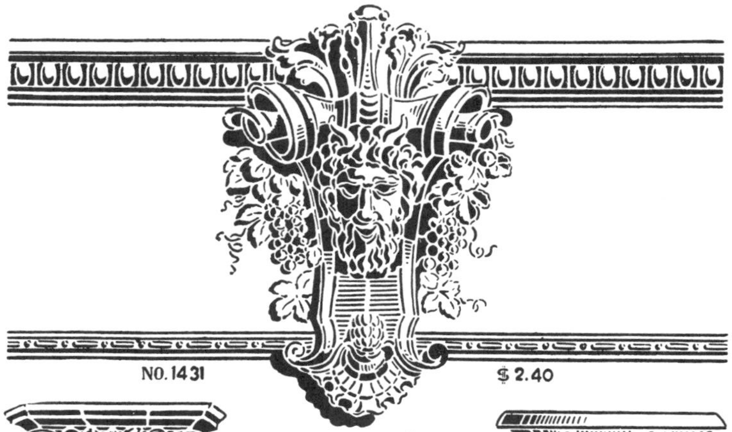

NO. 1431 $ 2.40
26" X 18"

NO. 1432 90¢
13" X 13"

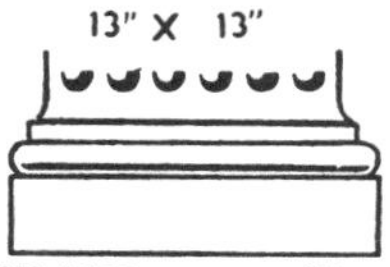

NO. 1433 30¢

NO. 1434 $ 1.10
15" X 20"

NO. 1435 $ 1.00
17" X 14"

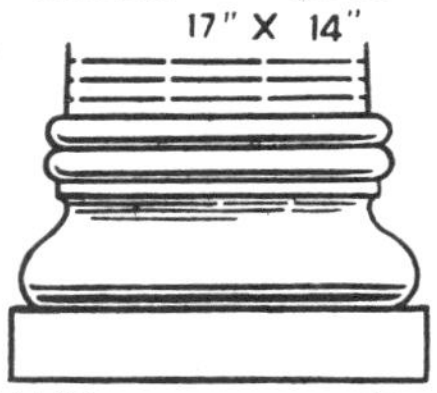

NO. 1436 40¢
10" X 13"

NO. 1437 10" X 22" $ 1.00

NO. 1438 7" X 18" 40¢

NO. 1439 14" X 23" $ 1.20

NO. 1440 24" X 21" $ 1.60

NO. 1441 21" X 21" $ 1.50

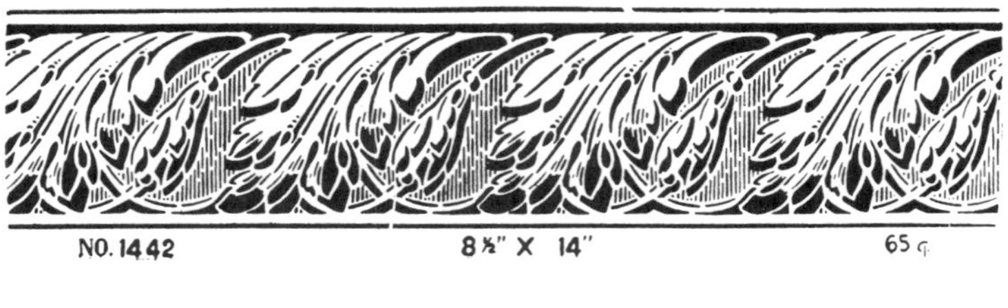

NO. 1442 8½" X 14" 65¢

NO. 1609
15" X 41" $ 1.20

NO. 1610
23" X 40" $ 1.50

NO. 1611
10½" X 21" 75¢

NO. 1612
25" X 27" $ 1.25

NO. 1613 3¾" X 20" 25¢

NO. 1614 26" X 26" $ 2.50

All prices are Net. F. O. B. Chicago.

All prices are Net. F. O. B. Chicago.

NO. 1499 13" X 50" $ 2.00

NO. 1500 12" X 36" $ 1.25

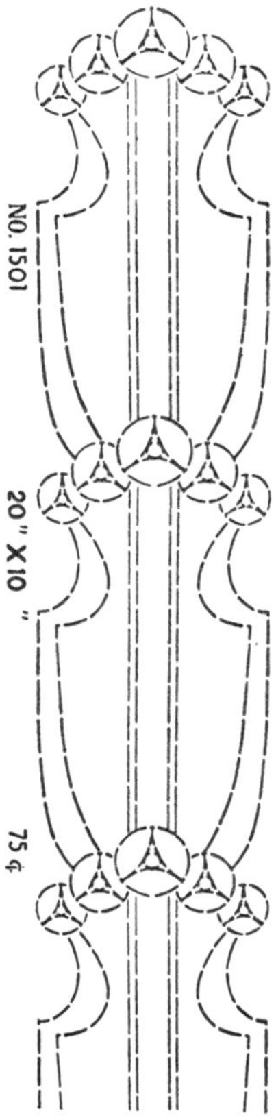

NO. 1501 20" X 10" 75¢

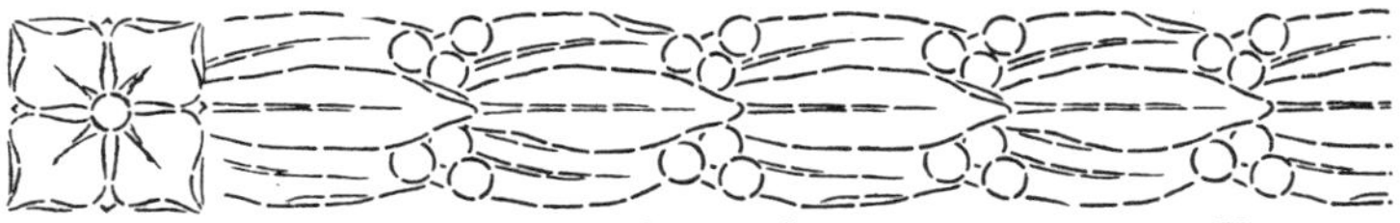

NO. 1502 6" X 23" 75¢

NO. 1503 28" X 25" $ 5.00

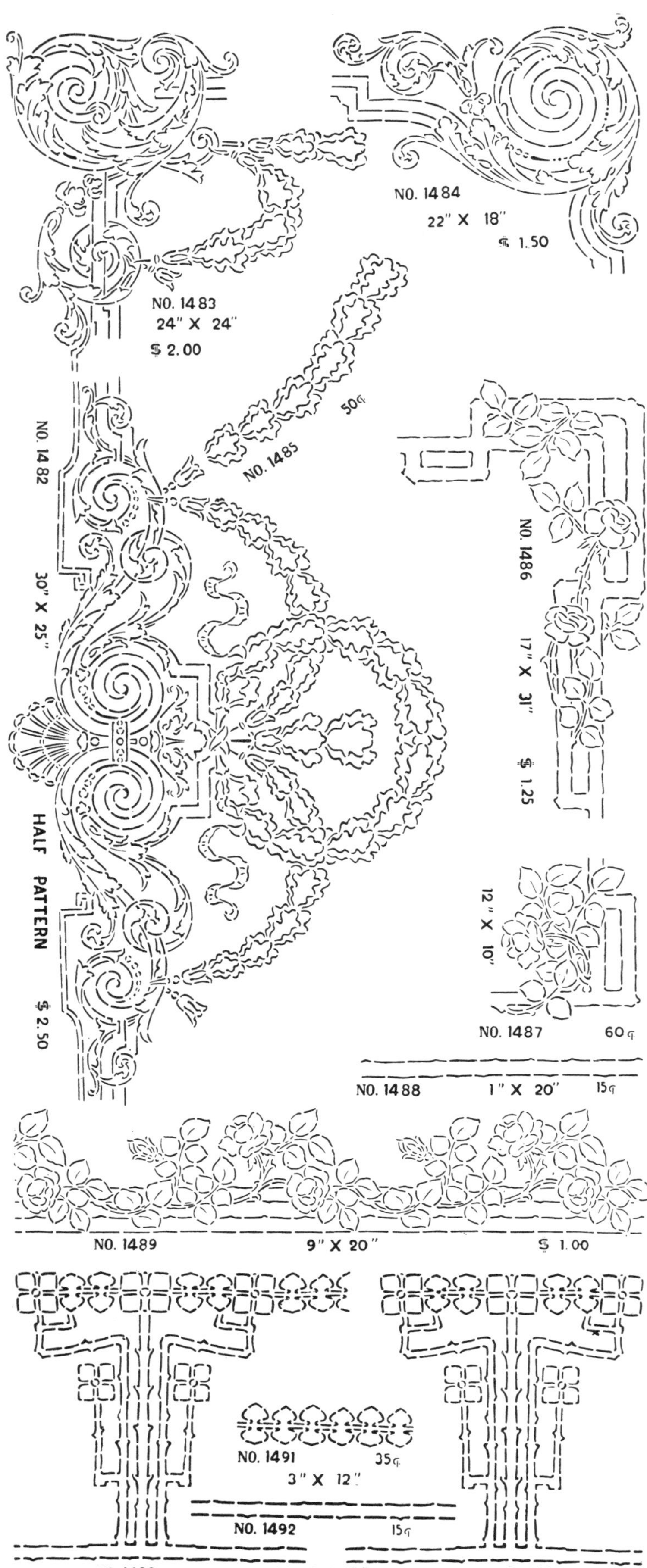

All prices are Net. F. O. B. Chicago.

All prices are Net. F. O. B. Chicago.

NO. 1493 8½" X 15" 85¢

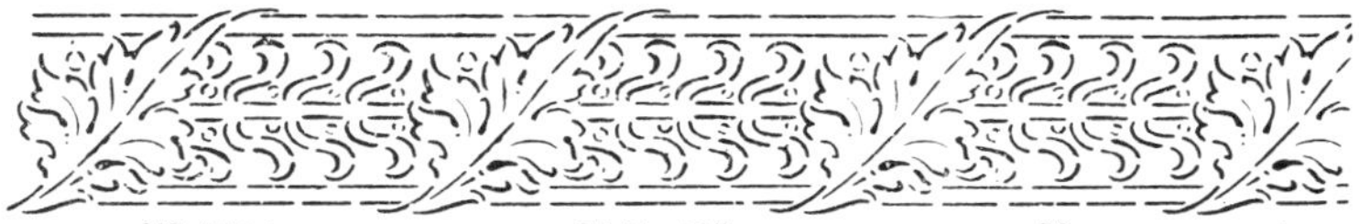

NO. 1494 7" X 13" 75¢

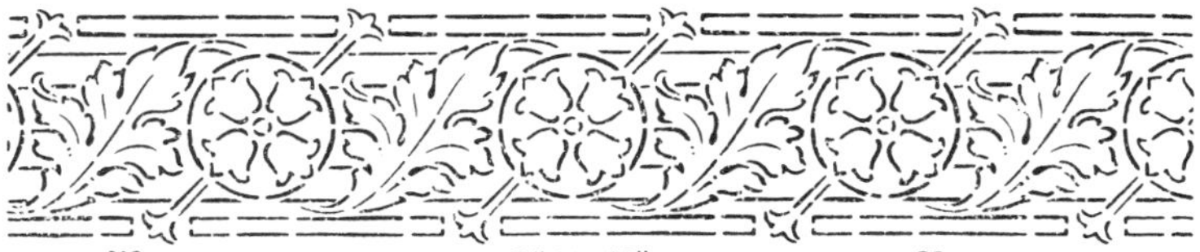

NO. 1495 9" X 12" 85¢

NO. 1496 5" X 18" 60¢

NO. 1498 24" X 52" $4.00

NO. 1497 18" X 48" $3.75

All prices are Net. F. O. B. Chicago.

NO. 1515 85¢
8½" X 29"

NO. 1516 $ 2.50
21" X 40"

NO. 1307 85¢
9" X 24"

NO. 1517
MITRE 23 IN. $ 1.50

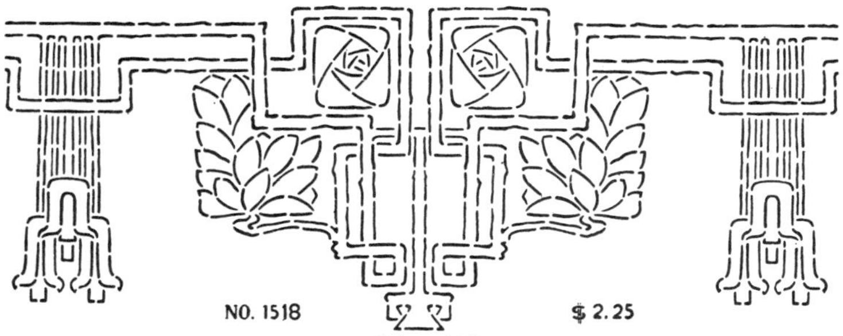

NO. 1518 $ 2.25
17" X 36"

NO. 1519 $ 2.25
20" X 29"

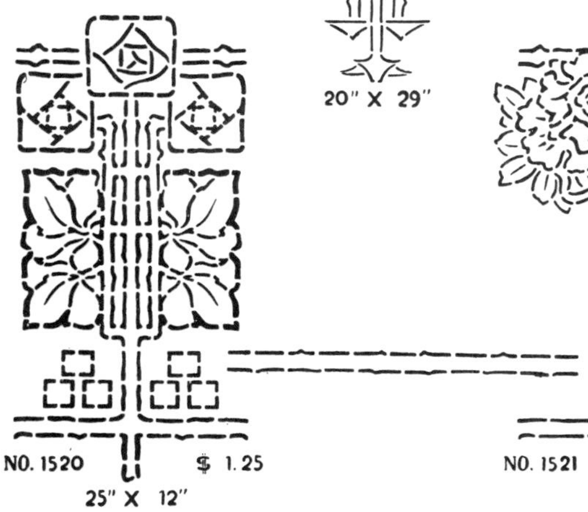

NO. 1520 $ 1.25
25" X 12"

NO. 1521 $ 1.00
23" X 13"

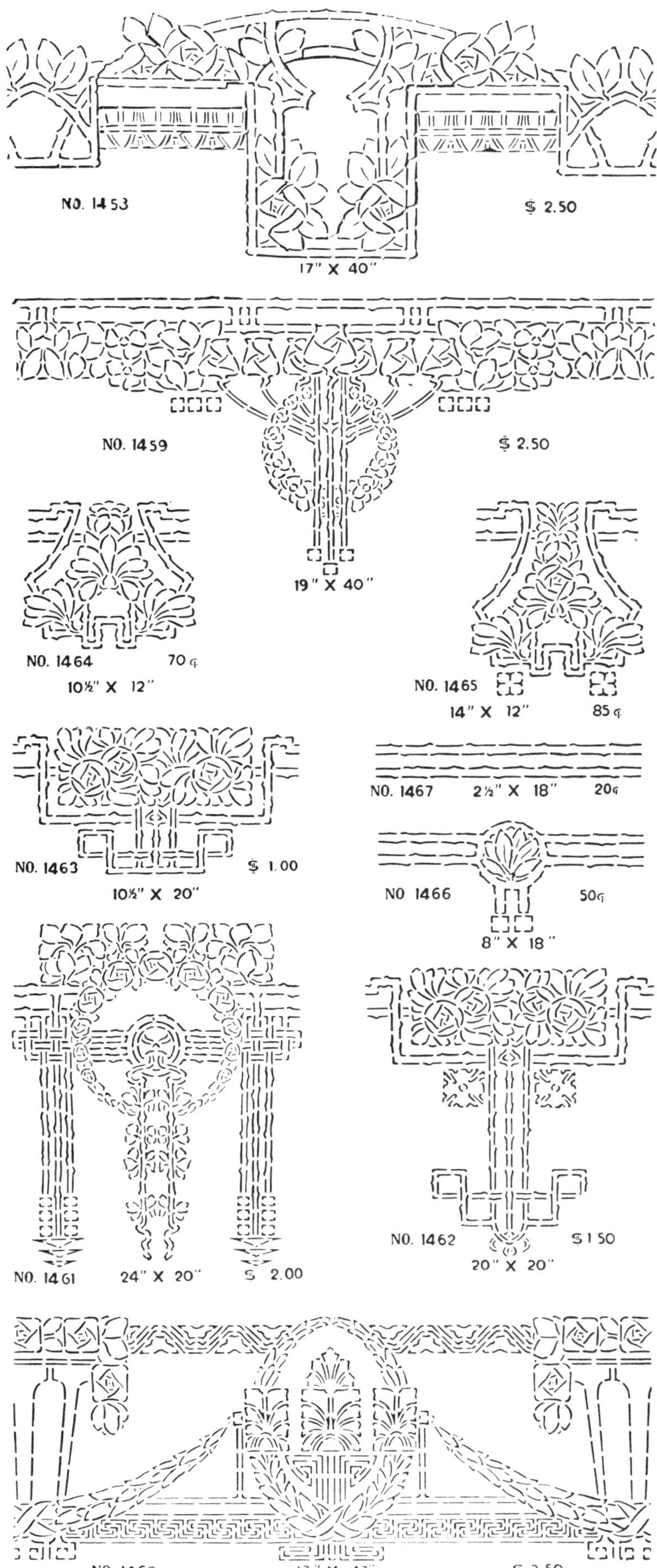

All prices are Net. F. O. B. Chicago.

NO. 1509 $ 2.25
16" X 30"

NO. 1510 $ 2.25
16" X 30"

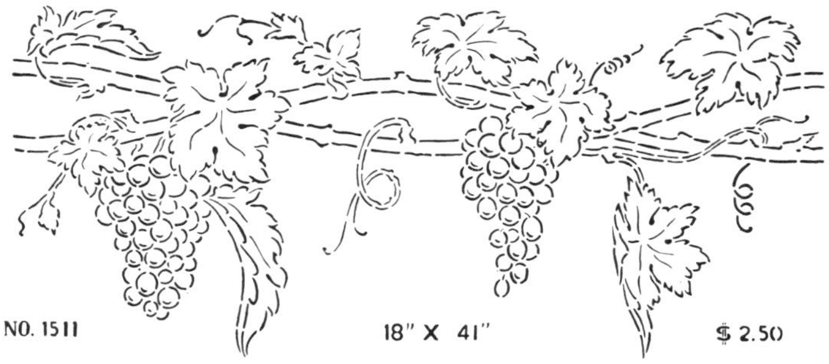

NO. 1511 18" X 41" $ 2.50

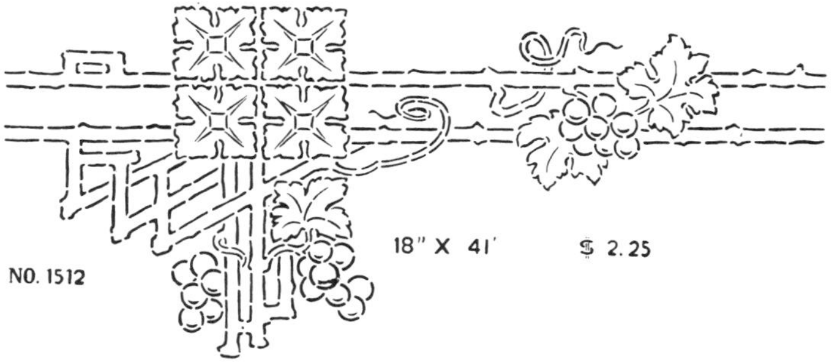

NO. 1512 18" X 41' $ 2.25

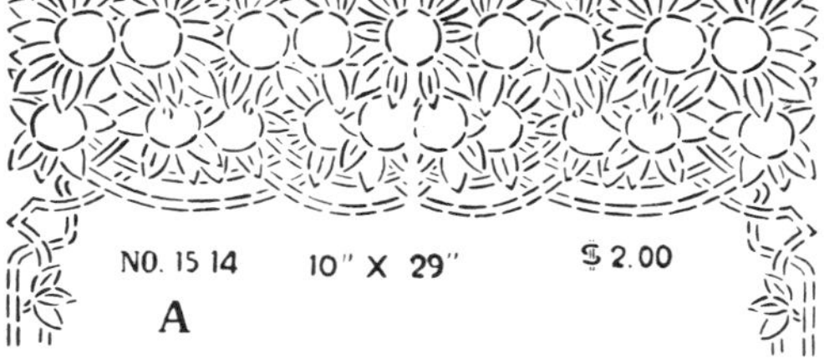

NO. 15 14 10" X 29" $ 2.00
A

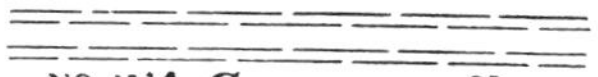

NO. 1514 C 25¢

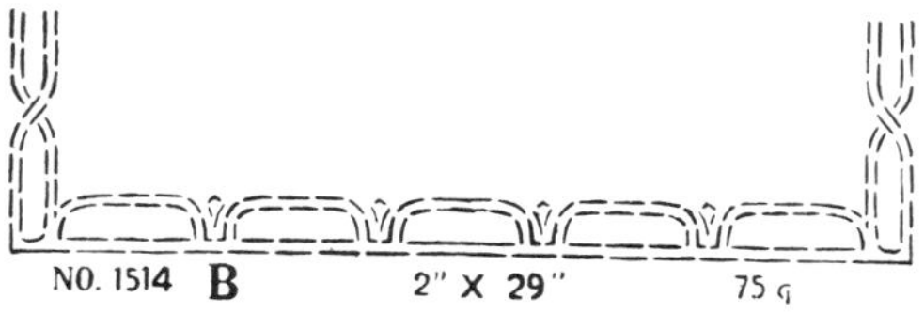

NO. 1513 $ 1.50
28" X 12"

NO. 1514 B 2" X 29" 75¢

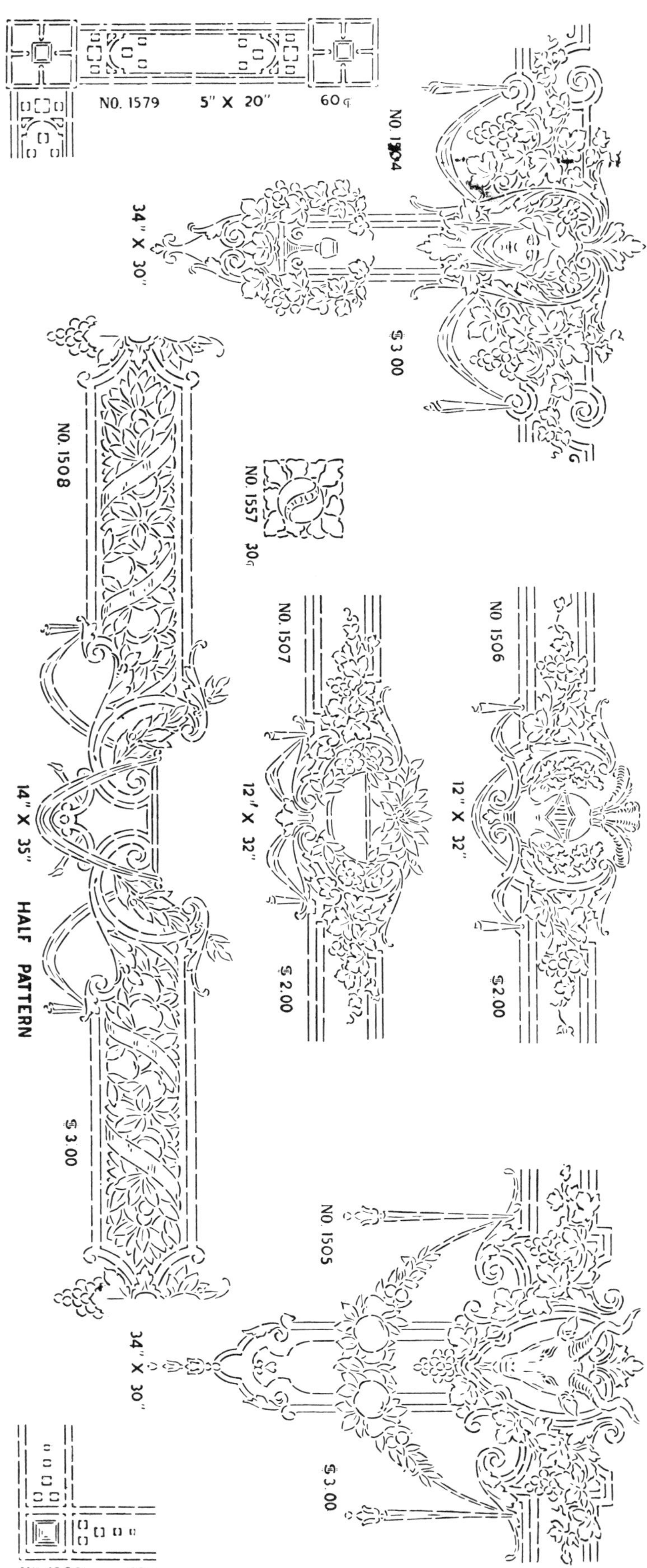

All prices are Net. F. O. B. Chicago.

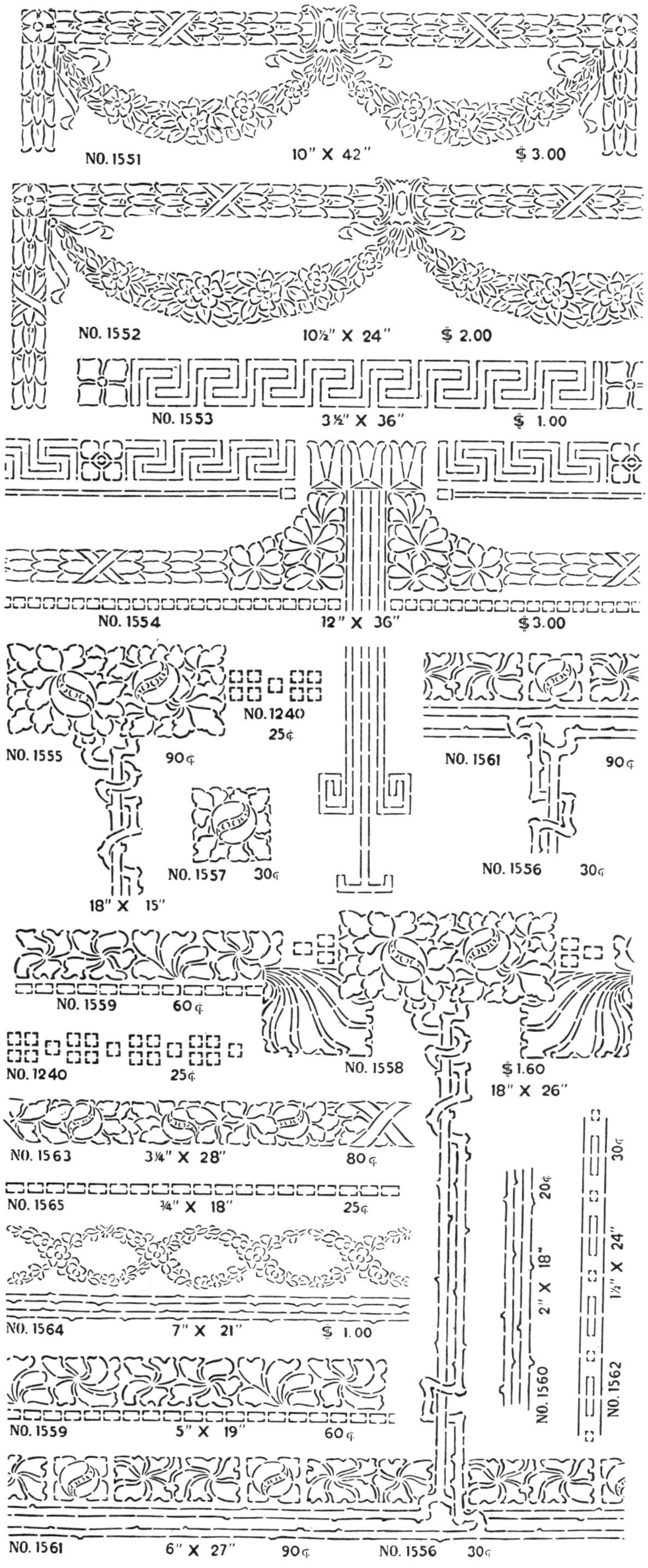

NO. 1551 10" X 42" $ 3.00

NO. 1552 10½" X 24" $ 2.00

NO. 1553 3½" X 36" $ 1.00

NO. 1554 12" X 36" $3.00

NO. 1240 25¢

NO. 1555 90¢ 18" X 15"

NO. 1561 90¢

NO. 1557 30¢

NO. 1556 30¢

NO. 1559 60¢

NO. 1240 25¢

NO. 1558 $1.60 18" X 26"

NO. 1563 3¼" X 28" 80¢

NO. 1565 ¾" X 18" 25¢

NO. 1564 7" X 21" $ 1.00

NO. 1560 2" X 18" 20¢

NO. 1562 1½" X 24" 30¢

NO. 1559 5" X 19" 60¢

NO. 1561 6" X 27" 90¢ NO. 1556 30¢

All prices are Net. F. O. B. Chicago.

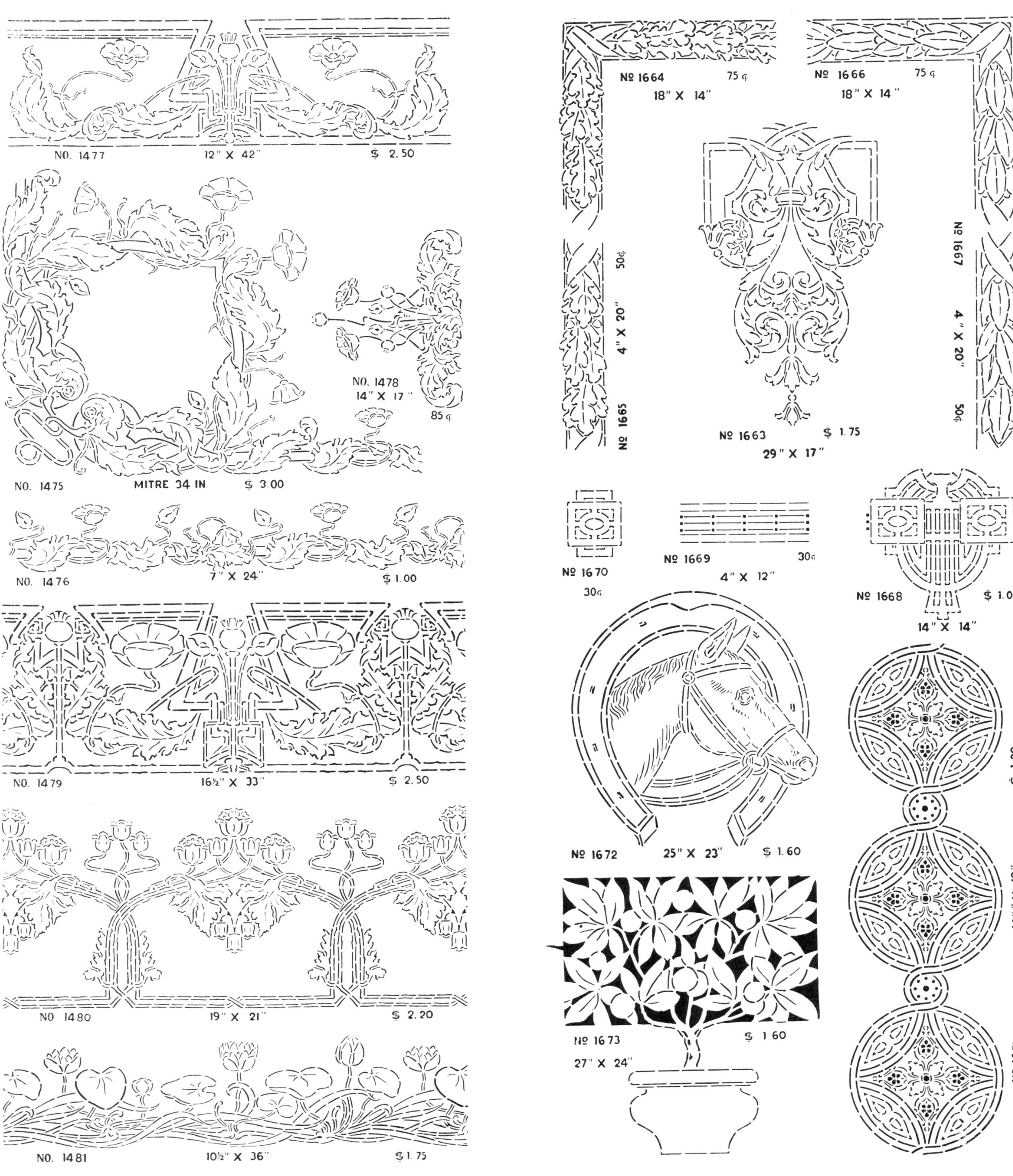

All prices are Net. F. O. B. Chicago.

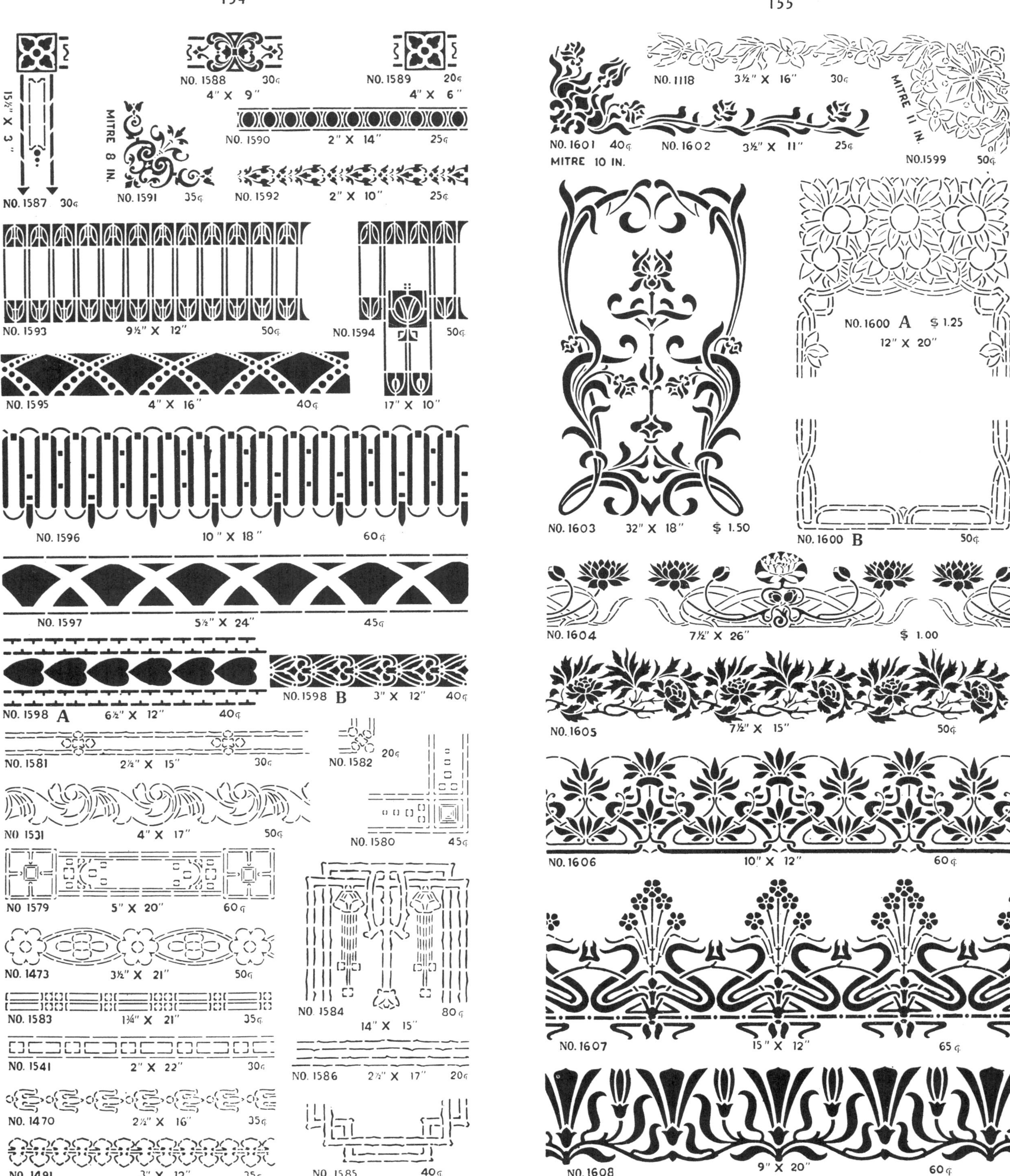

All prices are Net. F. O. B. Chicago.

All prices are Net. F. O. B. Chicago.

NO. 1625 9" X 23" 95¢

NO. 1626 13" X 12" 60¢

NO. 1627 18" X 16" 85¢

NO. 1652 7" X 12" 40¢

NO. 1628 19" X 23" $1.00

NO. 1629 8" X 15" 50¢

NO. 1630 24" X 29" $1.60

HIGH 20 IN.

NO. 1615 80¢

HIGH 20 IN.

NO. 1616 65¢

NO. 1623 $1.50
12" X 48"

HIGH 26 IN.

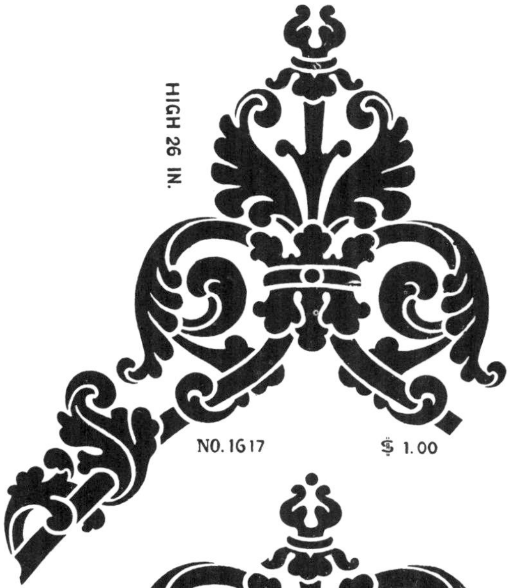

NO. 1617 $1.00

HIGH 18 IN.

NO. 1618 80¢

NO. 1619 8" X 13" 35¢

NO. 1620 8" X 13" 35¢

RADIUS 18 IN.

NO. 1622 80¢

NO. 1624 40¢
8½" X 10"

NO. 1621 MITRE 16 IN. 75¢

All prices are Net. F. O. B. Cnicago.

NO. 1674 11½" X 13" $ 1.20

NO. 1675 22" X 19" $ 3.80

NO. 1676 24" X 12" $ 2.50

NO. 1677 27" X 19" $ 3.50

All prices are Net. F. O. B. Chicago.

162

NO. 1800 3½" X 16" 30¢

NO. 1801 3" X 18" 40¢

NO. 1809 5" X 13" 50¢

NO. 1810 9" X 14" 70¢

NO. 1811 9" X 14" 90¢

NO. 1802 5" X 15" 30¢

NO. 1803 2½" X 17" TWO SHEETS 30¢

NO. 1808 9" X 16" 65¢

NO. 1804 5¼" X 18" TWO SHEETS 40¢

NO. 1805 6" X 17" 40¢

NO. 1806 8" X 22" TWO SHEETS 50¢

NO. 1807 11" X 20" 60¢

163

NO. 1751 24" X 39" $ 2.00

NO. 1753 12 X 14 50¢

NO. 1752 17" X 17 60¢

NO. 1754 15" X 15 60¢

NO. 1755 15" X 16 70¢

NO. 1756 6" X 18" 45¢

NO. 1757 12" X 17 $ 1.00

NO. 1758 8" X 24" 3 SHEETS $ 2.00

NO. 1759 12½" X 38" $ 2.00

All prices are Net. F. O. B. Chicago.

All prices are Net. F. O. B. Chicago.

166
167
NO. 1693
$ 1.50
14" X 36
ARCH CROWN
INNER RADIUS 28 IN.
NO 1694
$ 4 50
NO 1700
4" X 14
50¢
NO. 1699
50¢
50¢
4½" X 17"
NO. 1695
$ 1.75
16" X 28
NO. 1697
NO. 1698
$ 4.00
12" X 48
NO. 1696
$ 1.00
$ 3 00
ARCH CROWN
NO 1685
NO. 1690
3½" X 15
50¢
NO 1691
65¢
NO 1686
7" X 24"
75¢
NO. 1688
$ 1.75
18" X 22
NO. 1687
$ 1.00
NO. 1692
75¢
10" X 10"
NO. 1689
$ 3.50
14" X 42"
All prices are Net. F. O. B. Chicago.

NO. 1742 8" X 16" 75¢
NO. 1743 $ 1.50
29" X 11"
NO. 1744 60¢
NO. 1784 50¢
NO. 1785 4" X 18" 60¢
IN HOC SIGNO VINCES
NO. 1745 $ 1.50
K. OF P.
F C B
NO. 1746 $ 1.50
23" X 22"
K.O.T.M.
O T W
NO. 1749 $ 1.50
22" X 20"
OF W. W.
NO. 1747 $ 1.50
B.P.O.E.
NO. 1750 23" X 20" $ 1.50
NO. 1748 $ 1.50
TOTE
NO. 1847 $ 2.00
TOTE
F. & G.F.
NO. 1848 $ 2.00
D. OF P.
NO. 1849 $ 2.00
DIAMETER 28 IN.
NO. 1853 8" X 8" 50¢
NO. 1854 8" X 27" 85¢
NO. 1855 14" X 9" 65¢
NO. 1850 50¢
NO. 1851 50¢
NO. 1852 50¢
HIGH 9 IN.
NO. 1856 19" X 19" $ 1.75
All prices are Net. F. O. B. Chicago.

All prices are Net. F. O. B. Chicago.

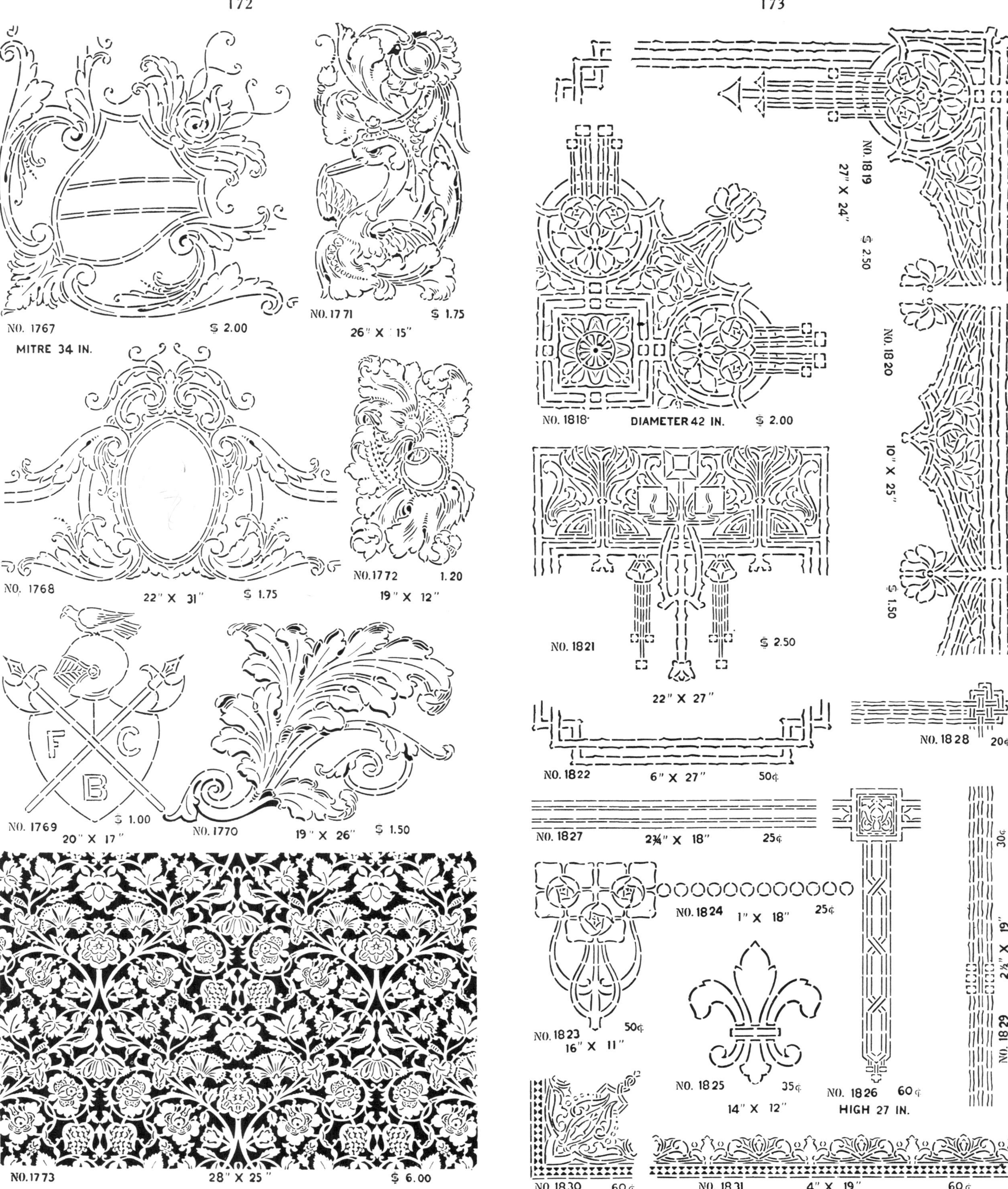

All prices are Net. F. O. B. Chicago.

All prices are Net. F. O. B. Chicago.

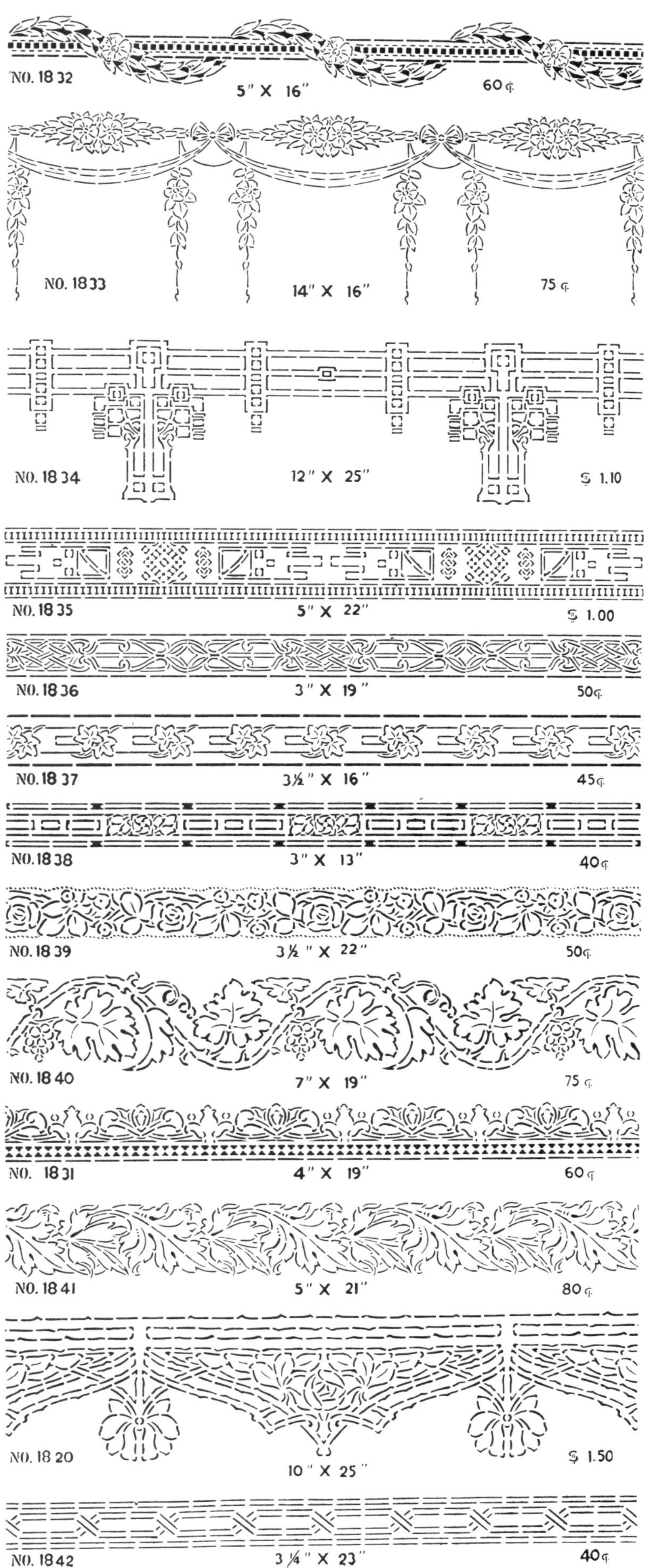

NO. 1701 $ 1.00

NO. 1702 4" X 18" 60¢

NO. 1718 14" X 24" $ 1.75

NO. 1719 4" X 24" 75¢

NO. 1703 12" X 44" $ 2.50

NO. 1704 8" X 17" 75¢

NO. 1720 9" X 16" 85¢

NO. 1721 10" X 32" $ 2.00

NO. 1722 19" X 31" $ 2.50

NO. 1706 10" X 16" 75¢

NO. 1705 $ 2.50 HIGH 66 IN.

All prices are Net. F. O. B. Chicago.

All prices are Net. F. O. B. Chicago.

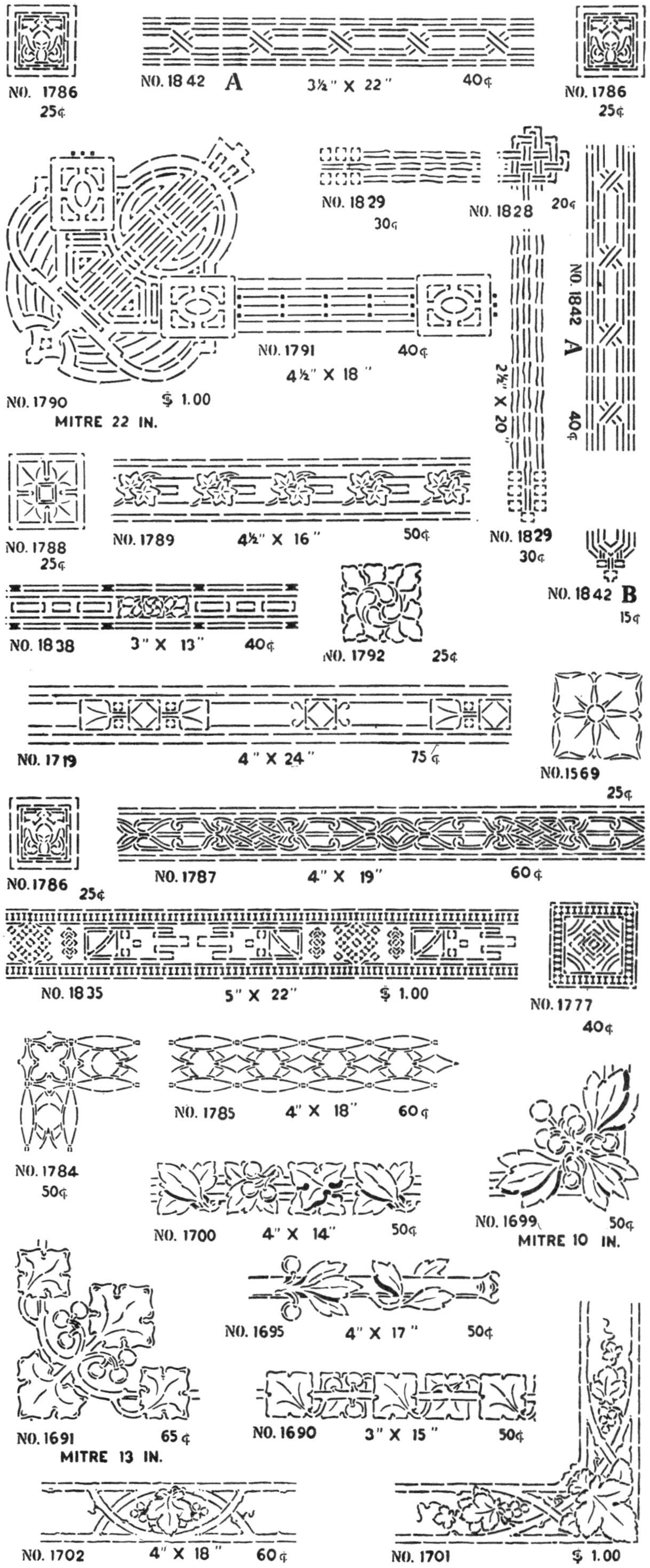

NO. 1786 25¢

NO. 1842 A 3½" X 22" 40¢

NO. 1786 25¢

NO. 1829 30¢

NO. 1828 20¢

NO. 1842 A 2½" X 20" 40¢

NO. 1791 40¢ 4½" X 18"

NO. 1790 $ 1.00 MITRE 22 IN.

NO. 1788 25¢

NO. 1789 4½" X 16" 50¢

NO. 1829 30¢

NO. 1842 B 15¢

NO. 1838 3" X 13" 40¢

NO. 1792 25¢

NO. 1719 4" X 24" 75¢

NO. 1569 25¢

NO. 1786 25¢

NO. 1787 4" X 19" 60¢

NO. 1835 5" X 22" $ 1.00

NO. 1777 40¢

NO. 1785 4" X 18" 60¢

NO. 1784 50¢

NO. 1700 4" X 14" 50¢

NO. 1699 50¢ MITRE 10 IN.

NO. 1695 4" X 17" 50¢

NO. 1691 65¢ MITRE 13 IN.

NO. 1690 3" X 15" 50¢

NO. 1702 4" X 18" 60¢

NO. 1701 $ 1.00

NOTICE! NOTICE!

After April first, 1918, add 25% to all prices given below Illustrations of stencils.

H. ROESSING.

F. O. B. Chicago

"Excelsior" Fresco-Stencils
catalog (ca. 1920)

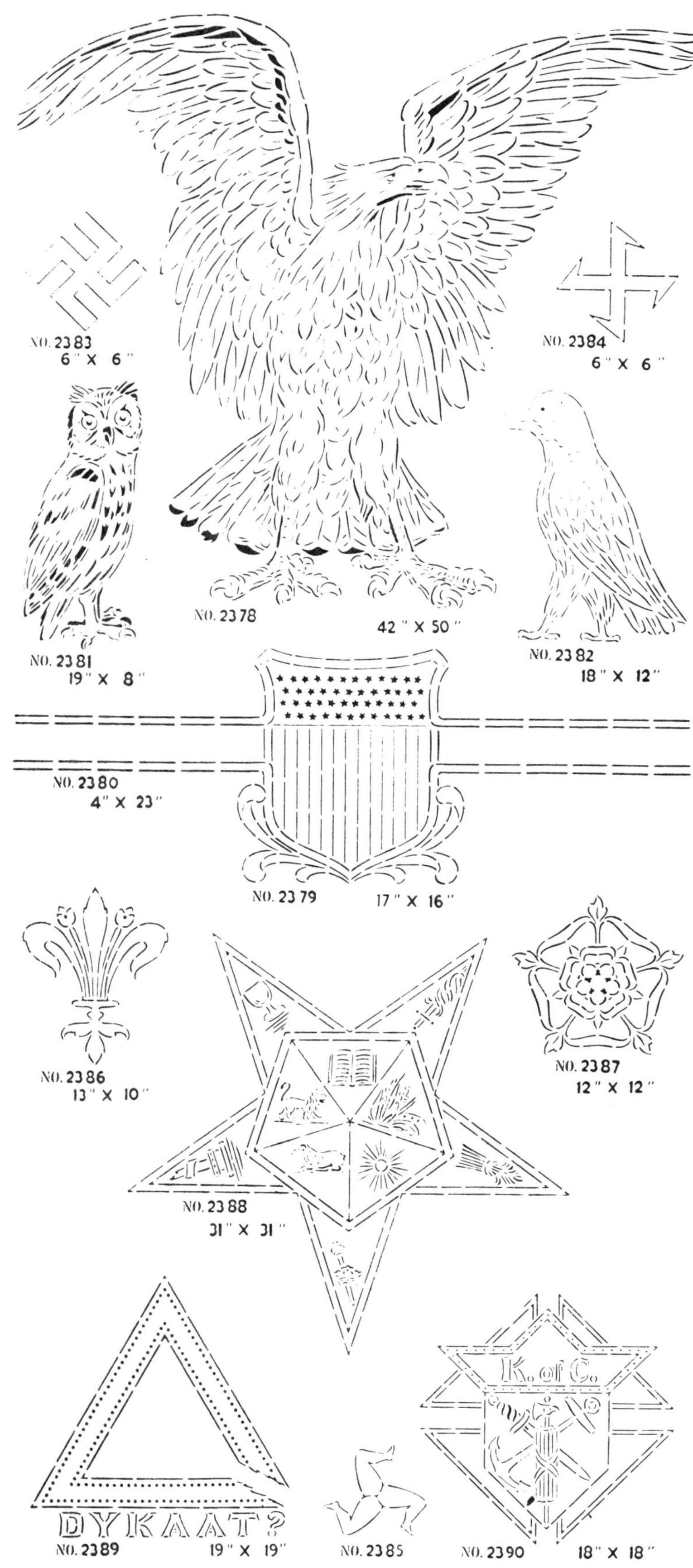

All prices are Net. F. O. B. Chicago.

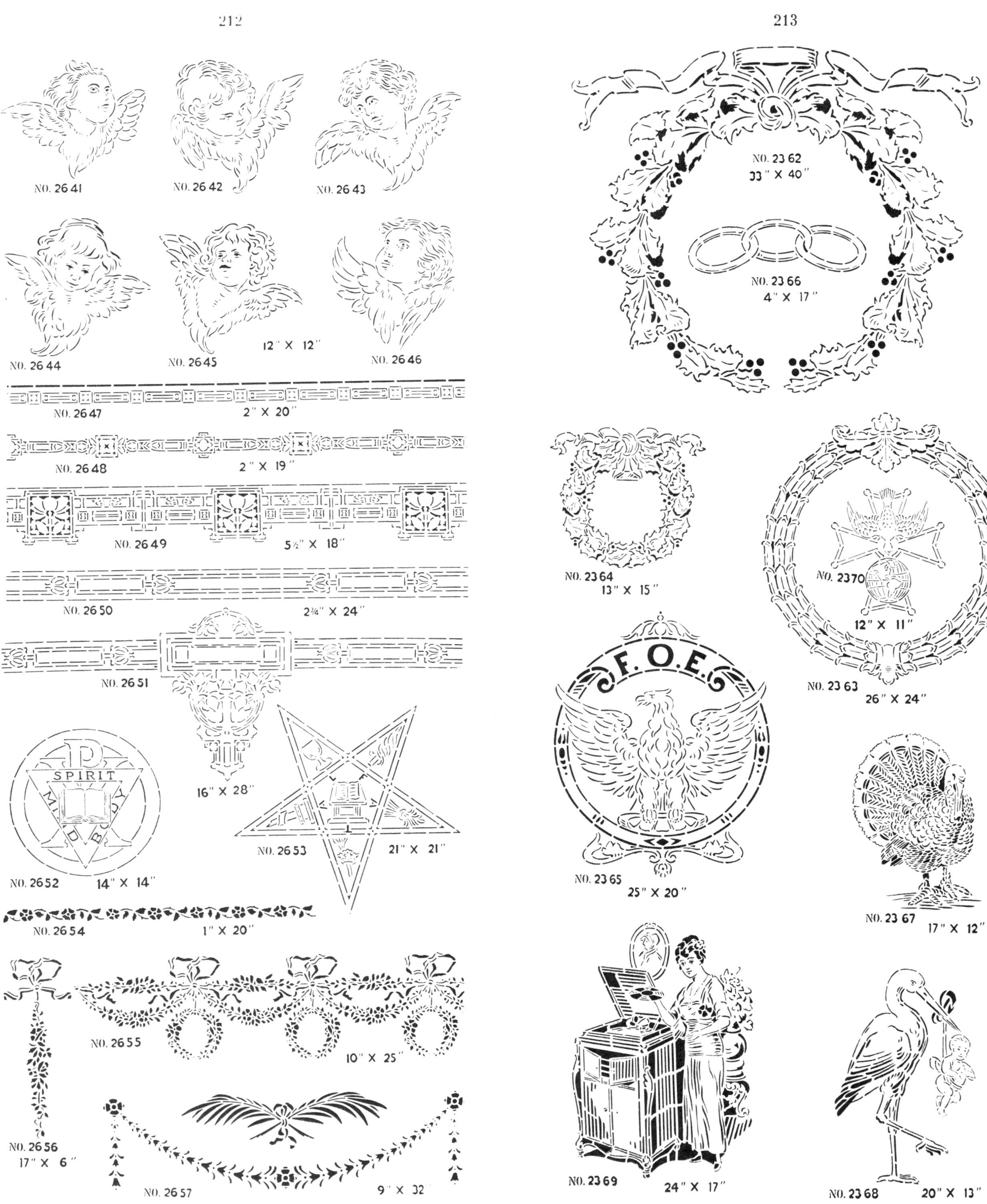

All prices are Net. F O. B. Chicago.

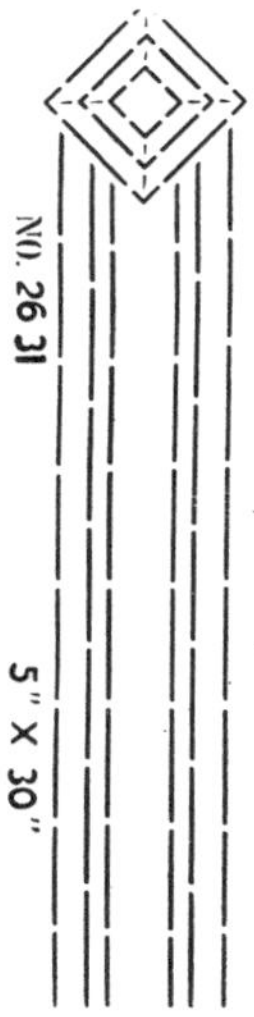

NO. 26 31 5" X 30"

The holy Bible

NO. 26 20 30" X 30"

NO. 26 32 4" X 30"

NO. 26 21 19" X 19"

NO. 26 22 19" X 19"

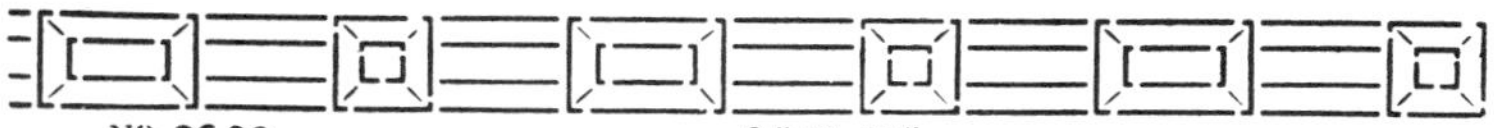

NO. 26 30 3" X 31"

NO. 26 26 3¾" X 26"

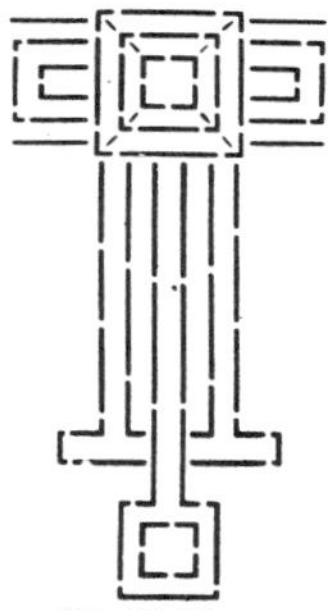

NO. 26 25 17" X 9"

NO. 26 29 4½" X 4½"

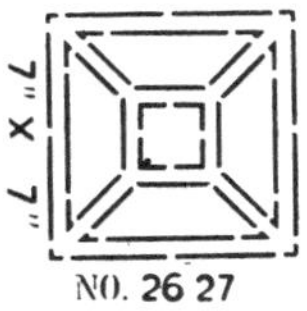

NO. 26 27 7" X 7"

NO. 26 28 5" X 30"

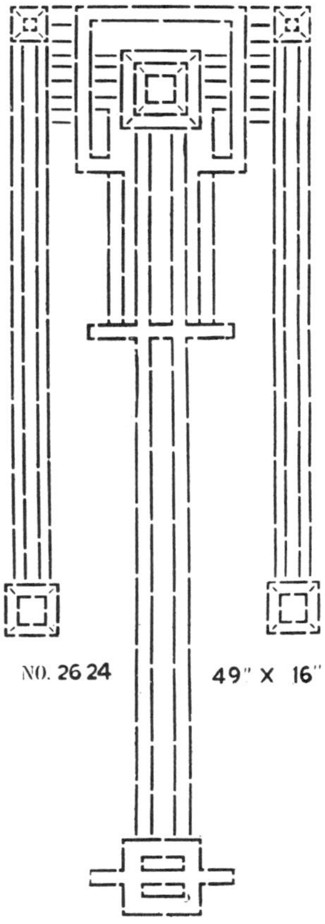

NO. 26 24 49" X 16"

NO. 26 23 24" X 15"

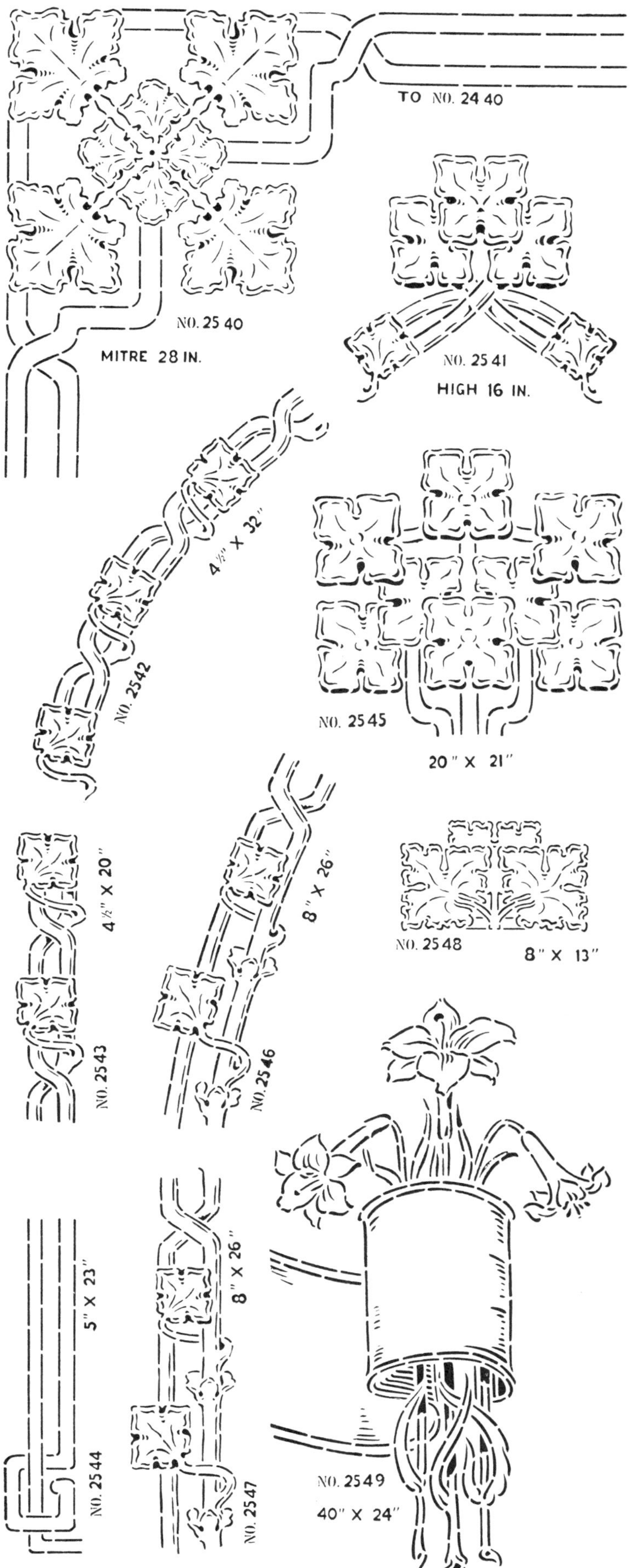

All prices are Net. F. O. B. Chicago.

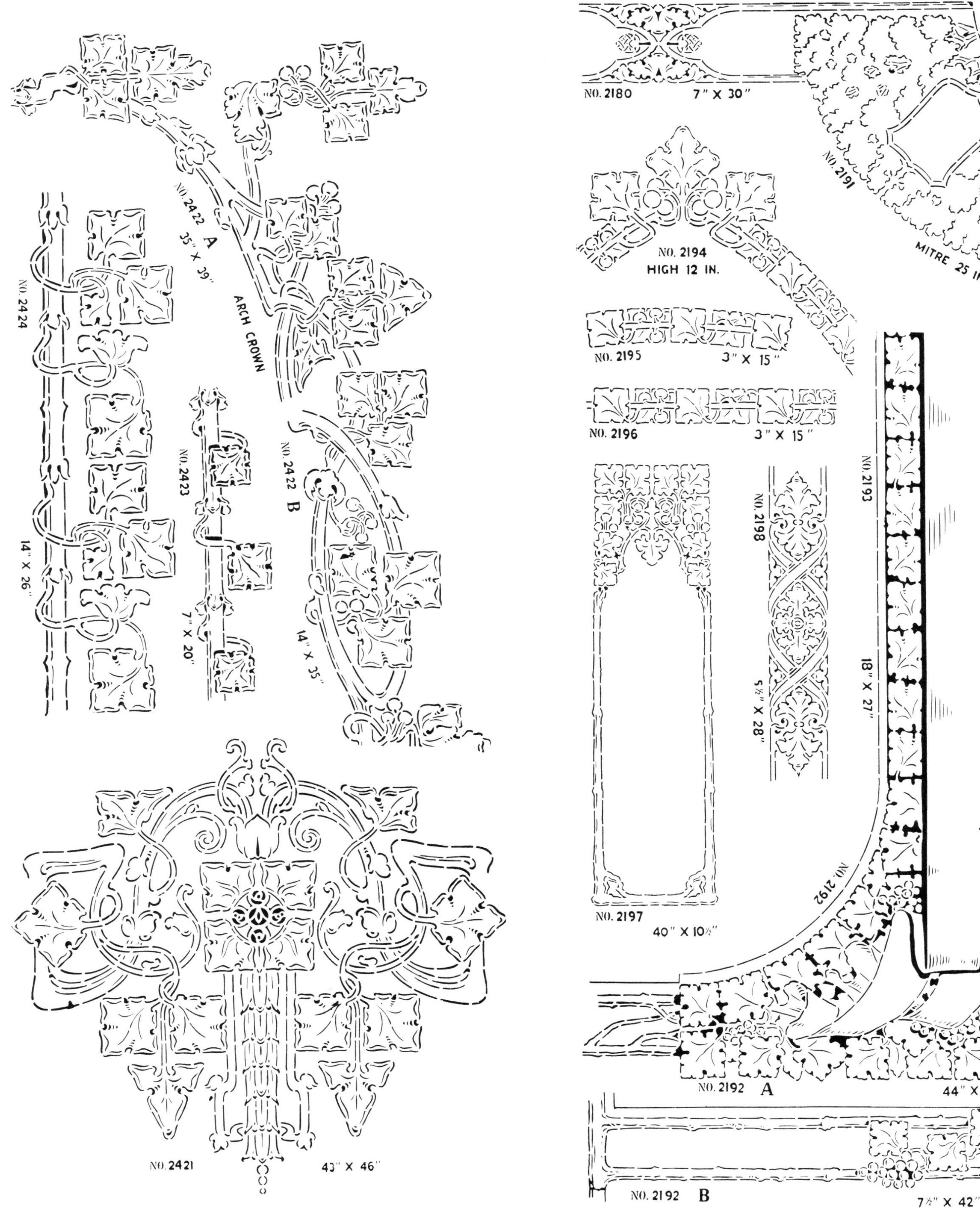

All prices are Net. F. O. B. Chicago.

All prices are Net. F. O. B. Chicago.

NO. 2186 MITRE 48 IN. 42" X 42"

NO. 2187 10" X 33"

NO. 2189 15" X 24"

NO. 2190 19" X 24"

NO. 2188 16" X 40"

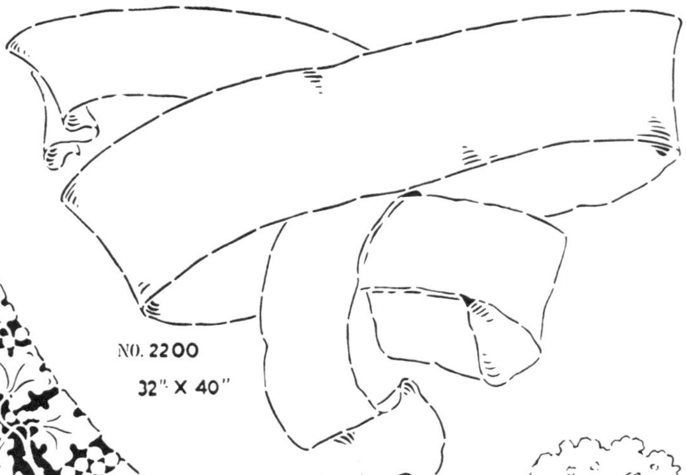

NO. 2200 32" X 40"

NO. 2202 8" X 10"

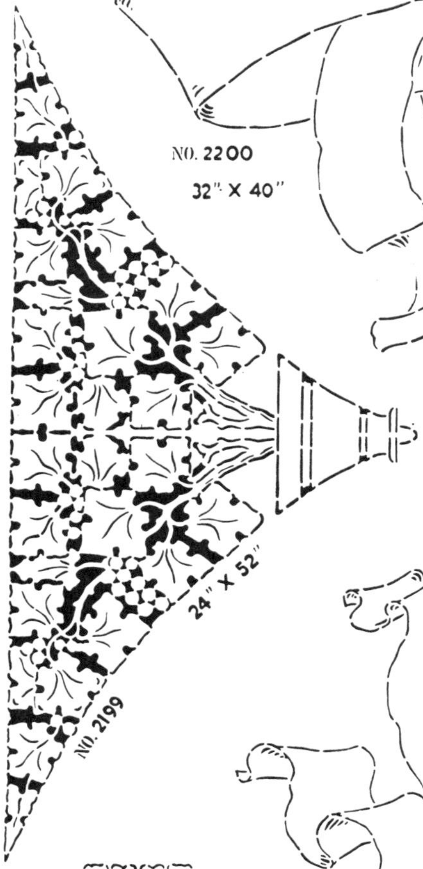

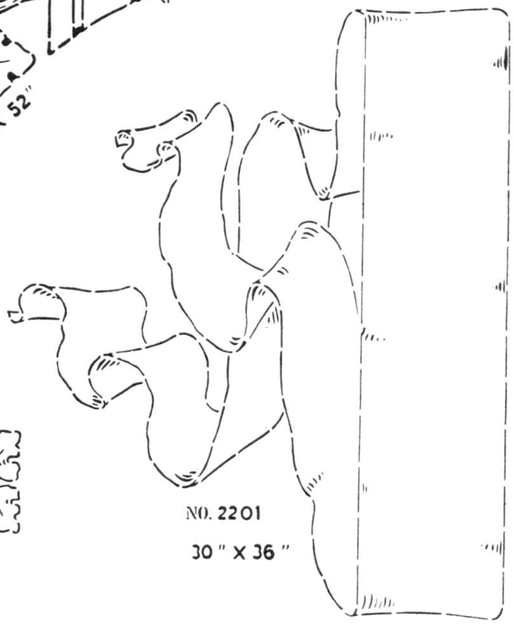

NO. 2199 24" X 52"

NO. 2201 30" X 36"

NO. 2203 11½" X 13"

NO. 2205  NO. 2206  NO. 2207  NO. 2208  NO. 2209  NO. 2210

NO. 2211  NO. 2212  NO. 2213  NO. 2214  NO. 2215  NO. 2216

NO. 2204 10" X 15"

All prices are Net. F. O. B. Chicago.

All prices are Net. F. O. B. Chicago.

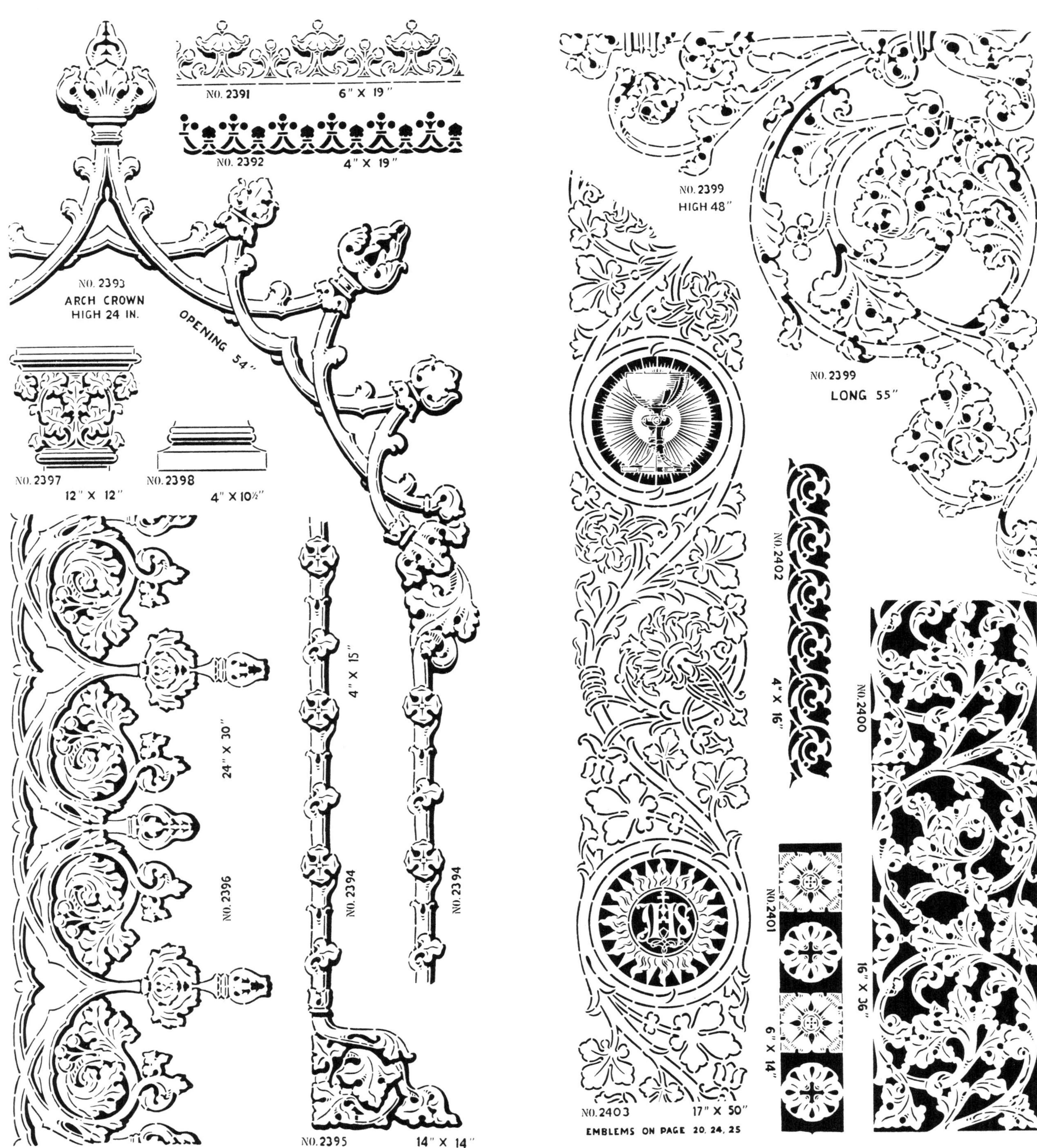

All prices are Net. F. O. B. Chicago.

226

227

All prices are Net. F. O. B. Chicago.

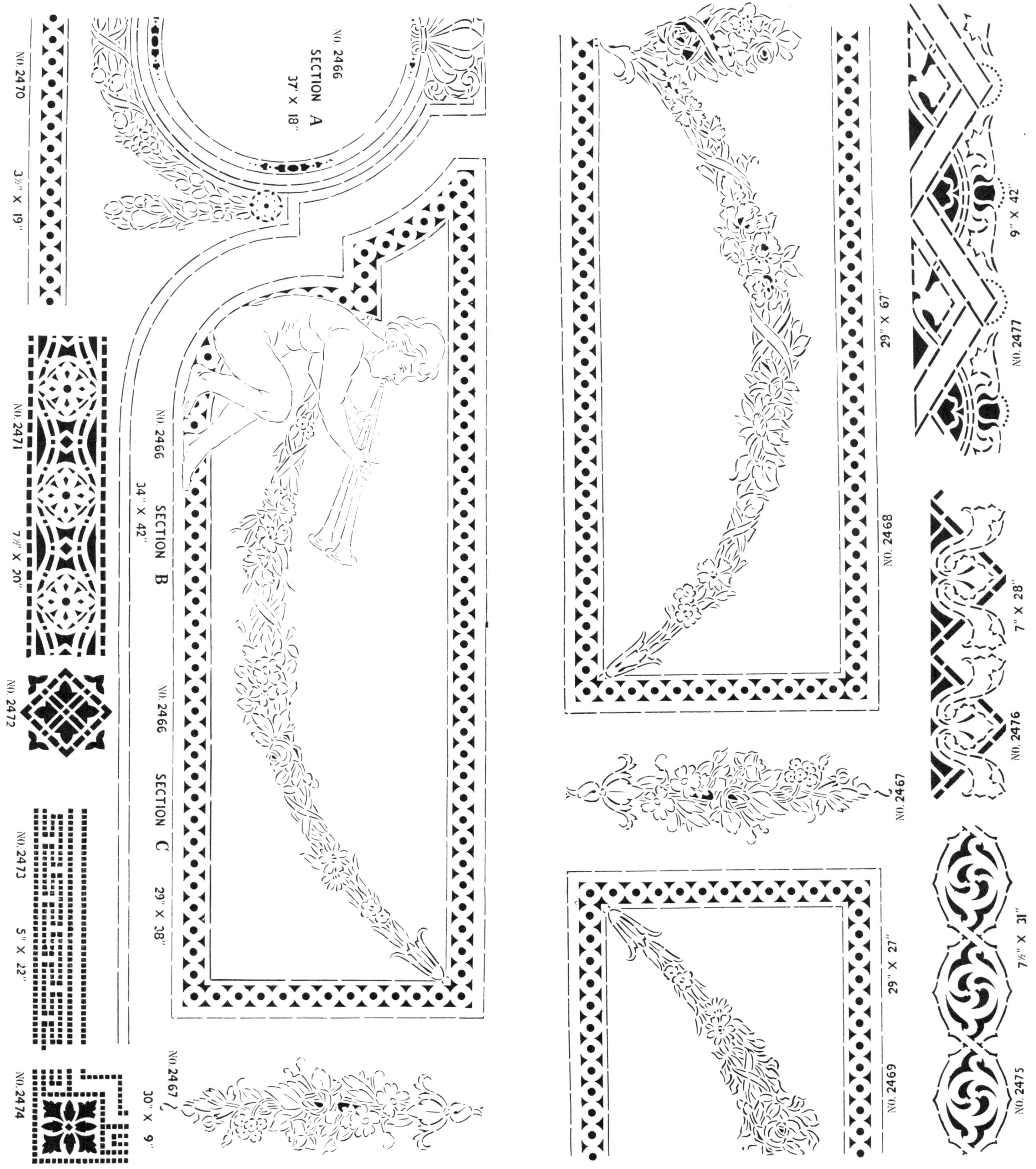

All prices are Net. F. O. B. Chicago.

230

231

All prices are Net. F. O. B. Chicago.

NO. 2566 7" X 15"

NO. 2567 19" X 20"

NO. 2568 3½" X 23"

NO. 2569 4" X 20"

NO. 2570 6" X 36"

NO. 2571 6" X 20"

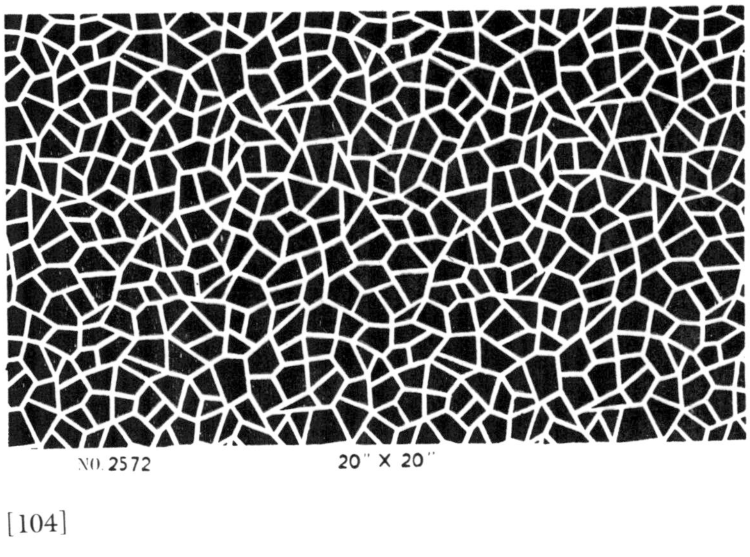

NO. 2572 20" X 20"

NO. 2586 11" X 20"

NO. 2589 11" X 11"

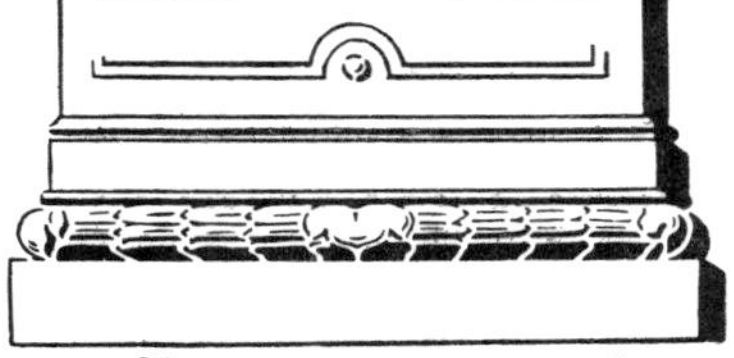

NO. 2588 19" X 16"

NO. 2590 16" X 20"

NO. 2591 20" X 20"

NO. 2587 10" X 21"

NO. 2595 7" X 48"

NO. 2592 14" X 15"

NO. 2593 14" X 33"

NO. 2594 15" X 30"

All prices are Net. F. O. B. Chicago.

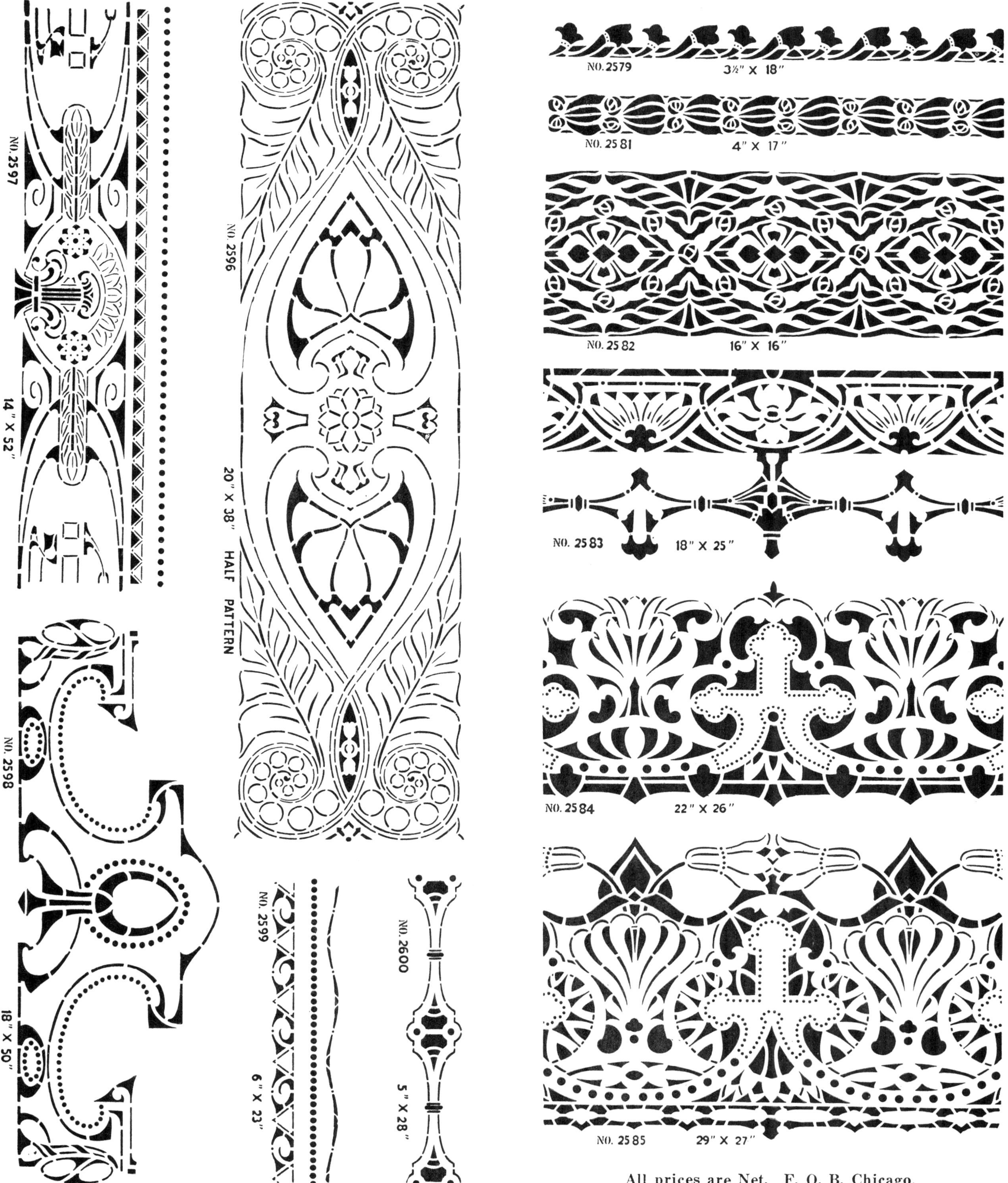

All prices are Net. F. O. B. Chicago.

NO. 2611 5" X 28"

NO. 2612 11" X 19"

NO. 2613 RADIUS 19 IN.

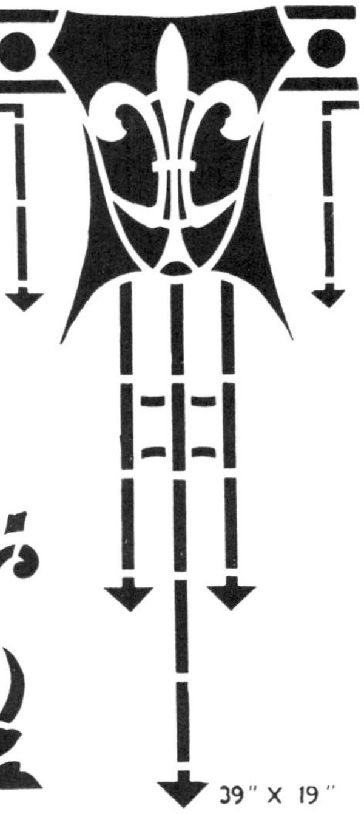

39" X 19" NO. 2610

NO. 2614 14" X 33" HALF PATTERN

NO. 2615 12" X 27"

NO. 2617 6" X 12"

17" X 27" NO. 2616

NO. 2618 20" X 17"

NO. 2619 10" X 17"

NO. 2573

NO. 2573 RADIUS 28 IN.

NO. 2576 7" X 13"

NO. 2575 5" X 17"

NO. 2577 2½" X 18"

NO. 2574 22" X 23"

NO. 2578 21" X 33"

NO. 2579 3½" X 18"

NO. 2580 25" X 25"

All prices are Net. F. O. B. Chicago.

NO. 2520

NO. 2521 3" X 18"

NO. 2522 4" X 25" INCL. CORNER

NO. 2523 5" X 18"

NO. 2524

NO. 2525 7" X 18"

NO. 2526

NO. 2527 4½" X 15"

NO. 2528

NO. 2529 6½" X 18"

NO. 2530

NO. 2531 3½" X 25"

NO. 2532 5" X 24" INCL. CORNER

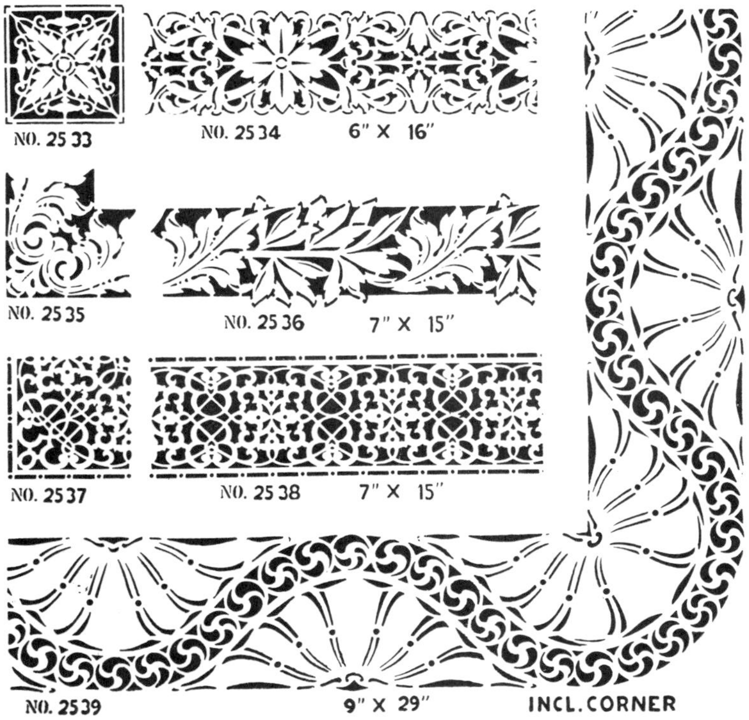

NO. 2533

NO. 2534 6" X 16"

NO. 2535

NO. 2536 7" X 15"

NO. 2537

NO. 2538 7" X 15"

NO. 2539 9" X 29" INCL. CORNER

NO. 2601 10" X 26"

NO. 2602 4" X 20"

NO. 2603 19" X 16"

NO. 2604 4½" X 24"

NO. 2605 5½" X 20"

NO. 2606 7½" X 21"

NO. 2607 8" X 24" TWO SHEETS

NO. 2608 10" X 33"

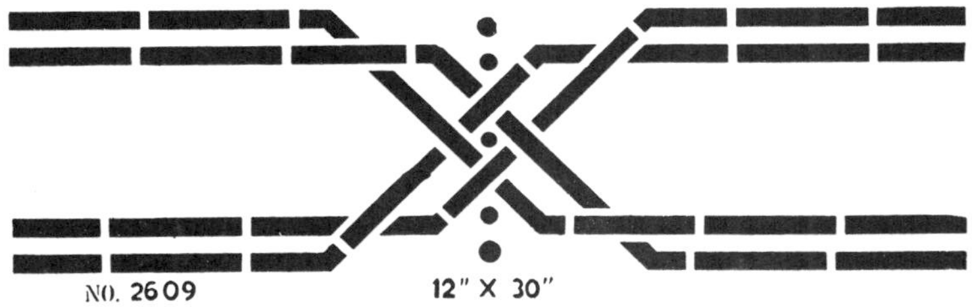

NO. 2609 12" X 30"

All prices are Net. F. O. B. Chicago.

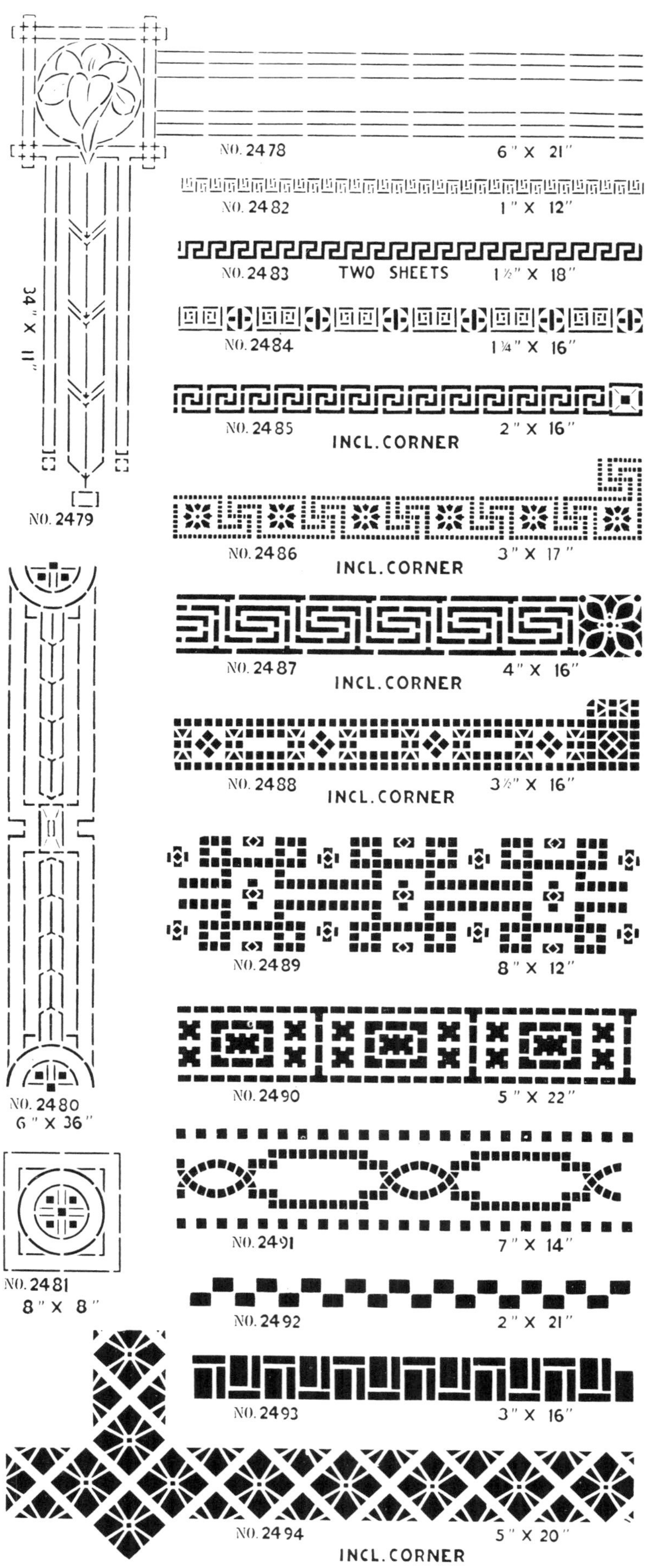

NO. 2478 6" X 21"

NO. 2479 34" X 11"

NO. 2482 1" X 12"

NO. 2483 TWO SHEETS 1½" X 18"

NO. 2484 1¼" X 16"

NO. 2485 2" X 16" INCL. CORNER

NO. 2486 3" X 17" INCL. CORNER

NO. 2487 4" X 16" INCL. CORNER

NO. 2488 3½" X 16" INCL. CORNER

NO. 2489 8" X 12"

NO. 2490 5" X 22"

NO. 2480 6" X 36"

NO. 2491 7" X 14"

NO. 2481 8" X 8"

NO. 2492 2" X 21"

NO. 2493 3" X 16"

NO. 2494 5" X 20" INCL. CORNER

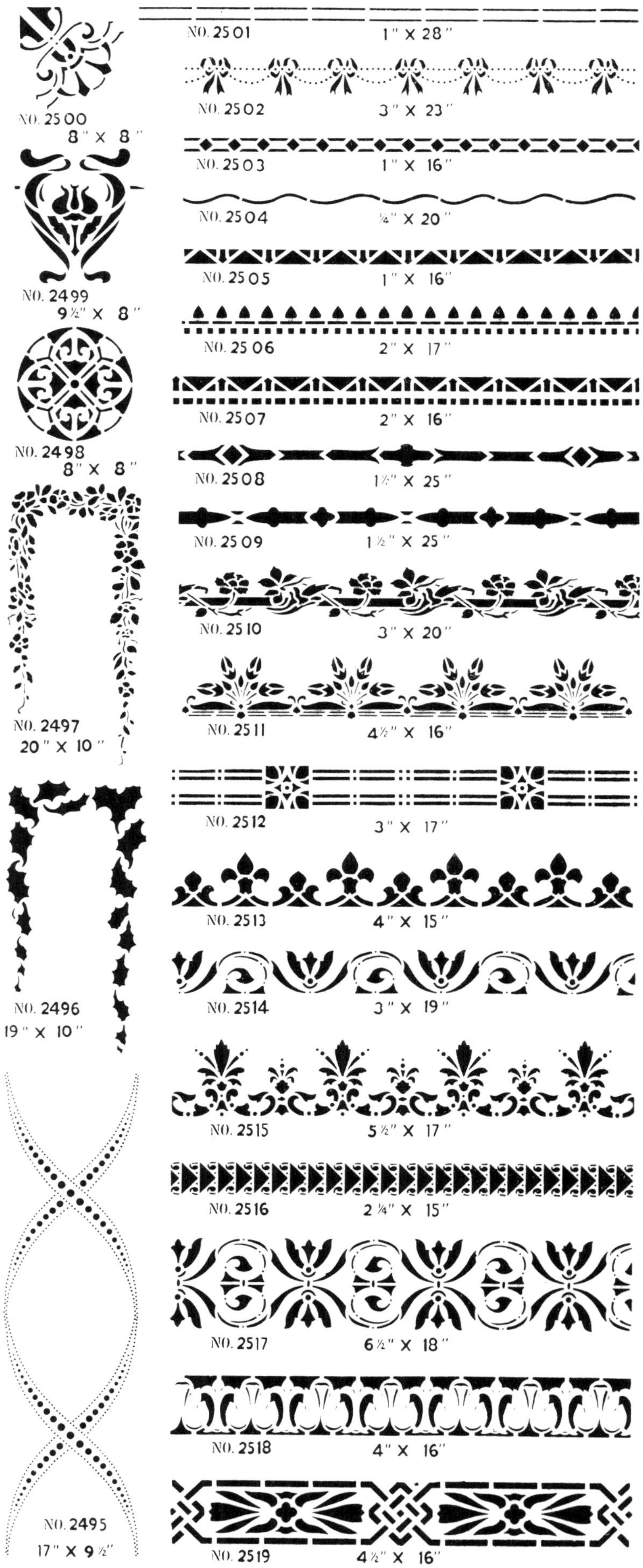

NO. 2500 8" X 8"

NO. 2501 1" X 28"

NO. 2502 3" X 23"

NO. 2503 1" X 16"

NO. 2504 ¼" X 20"

NO. 2499 9½" X 8"

NO. 2505 1" X 16"

NO. 2506 2" X 17"

NO. 2507 2" X 16"

NO. 2498 8" X 8"

NO. 2508 1½" X 25"

NO. 2509 1½" X 25"

NO. 2510 3" X 20"

NO. 2497 20" X 10"

NO. 2511 4½" X 16"

NO. 2512 3" X 17"

NO. 2513 4" X 15"

NO. 2496 19" X 10"

NO. 2514 3" X 19"

NO. 2515 5½" X 17"

NO. 2516 2¼" X 15"

NO. 2517 6½" X 18"

NO. 2518 4" X 16"

NO. 2495 17" X 9½"

NO. 2519 4½" X 16"

All prices are Net. F. O. B. Chicago.

All prices are Net. F. O. B. Chicago.

244 245

NO. 2555 19" X 18"

NO. 2556 20" X 25"

NO. 2557 26" X 26"

NO. 2562 15" X 17"

NO. 2563 25" X 29"

NO. 2564 25" X 20"

NO. 2565 28" X 19"

All prices are Net. F. O. B. Chicago.

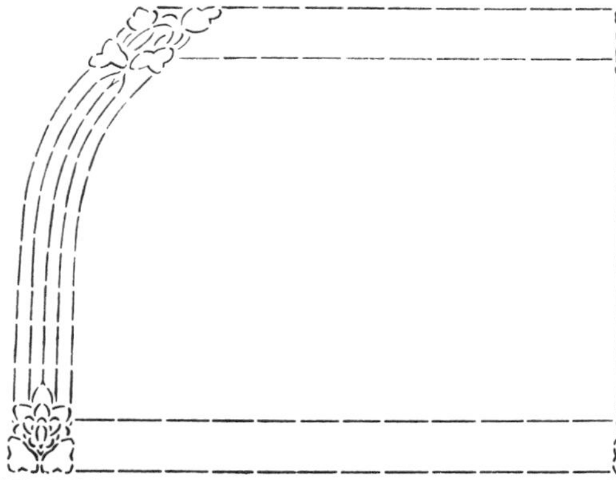

NO. 2266
22" X 3"

NO. 2265
22" X 14"

NO. 2267
12" X 26"

NO. 2268
9" X 33"

NO. 2269
5" X 30"

NO. 2270
5½" X 29"

NO. 2271
2" X 27"

NO. 2272
5" X 24"

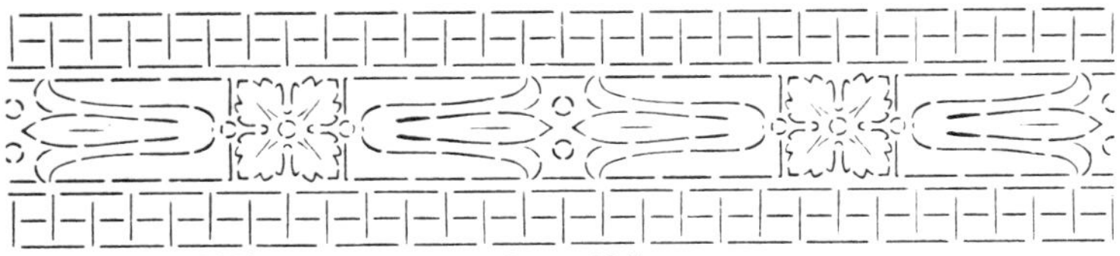

NO. 2273
9" X 22"

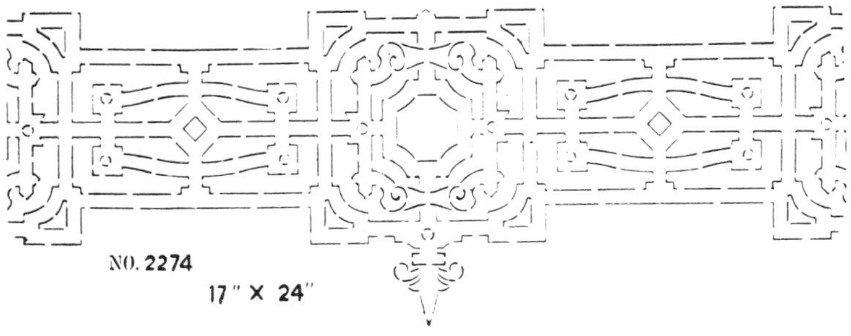

NO. 2274
17" X 24"

NO. 2275
11" X 34"

NO. 2276
14" X 42"

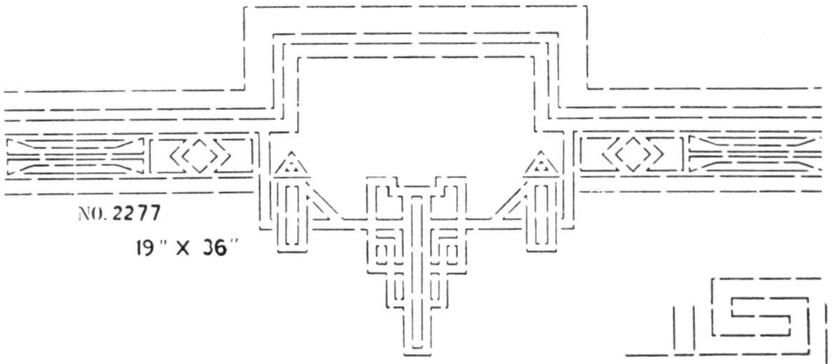

NO. 2277
19" X 36"

NO. 2278
5" X 18"

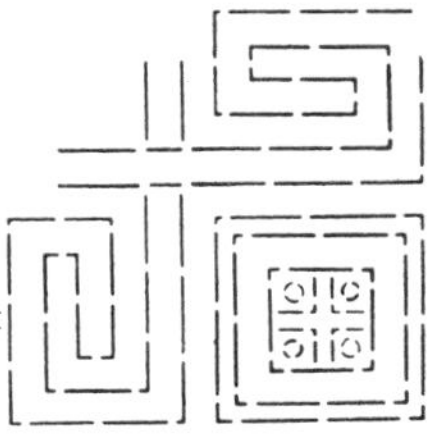

NO. 2279
12" X 12"

NO. 2280
20" X 40"

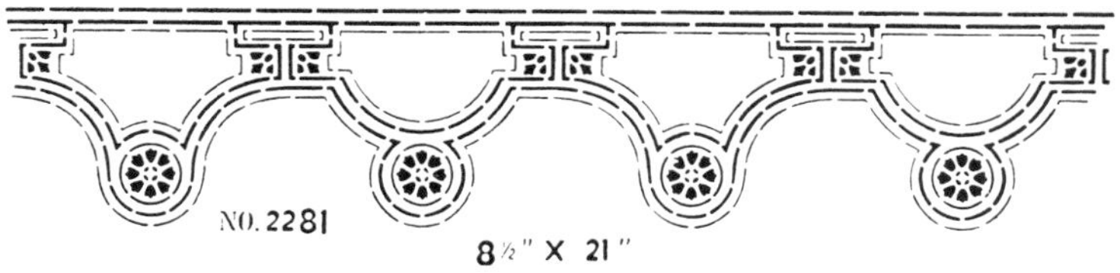

NO. 2281
8½" X 21"

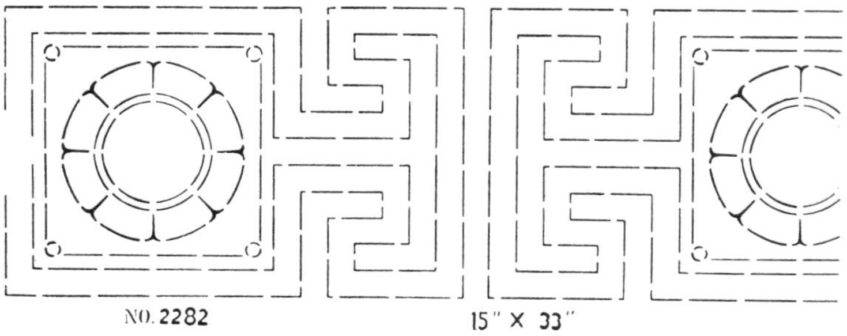

NO. 2282
15" X 33"

All prices are Net. F. O. B. Chicago.

All prices are Net. F. O. B. Chicago.

All prices are Net. F. O. B. Chicago.

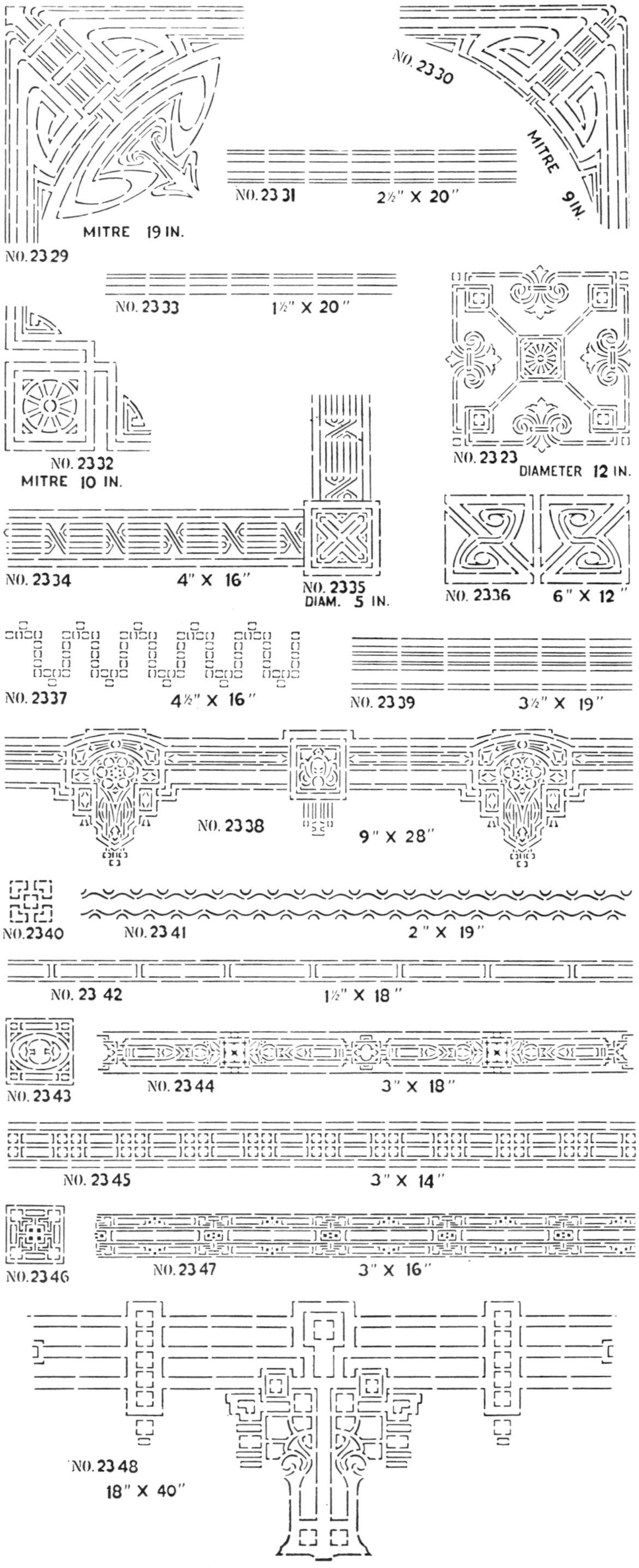

NO. 2329 MITRE 19 IN.

NO. 2330 MITRE 9 IN.

NO. 2331 2½" X 20"

NO. 2333 1½" X 20"

NO. 2332 MITRE 10 IN.

NO. 2323 DIAMETER 12 IN.

NO. 2334 4" X 16"

NO. 2335 DIAM. 5 IN.

NO. 2336 6" X 12"

NO. 2337 4½" X 16"

NO. 2339 3½" X 19"

NO. 2338 9" X 28"

NO. 2340

NO. 2341 2" X 19"

NO. 2342 1½" X 18"

NO. 2343

NO. 2344 3" X 18"

NO. 2345 3" X 14"

NO. 2346

NO. 2347 3" X 16"

NO. 2348 18" X 40"

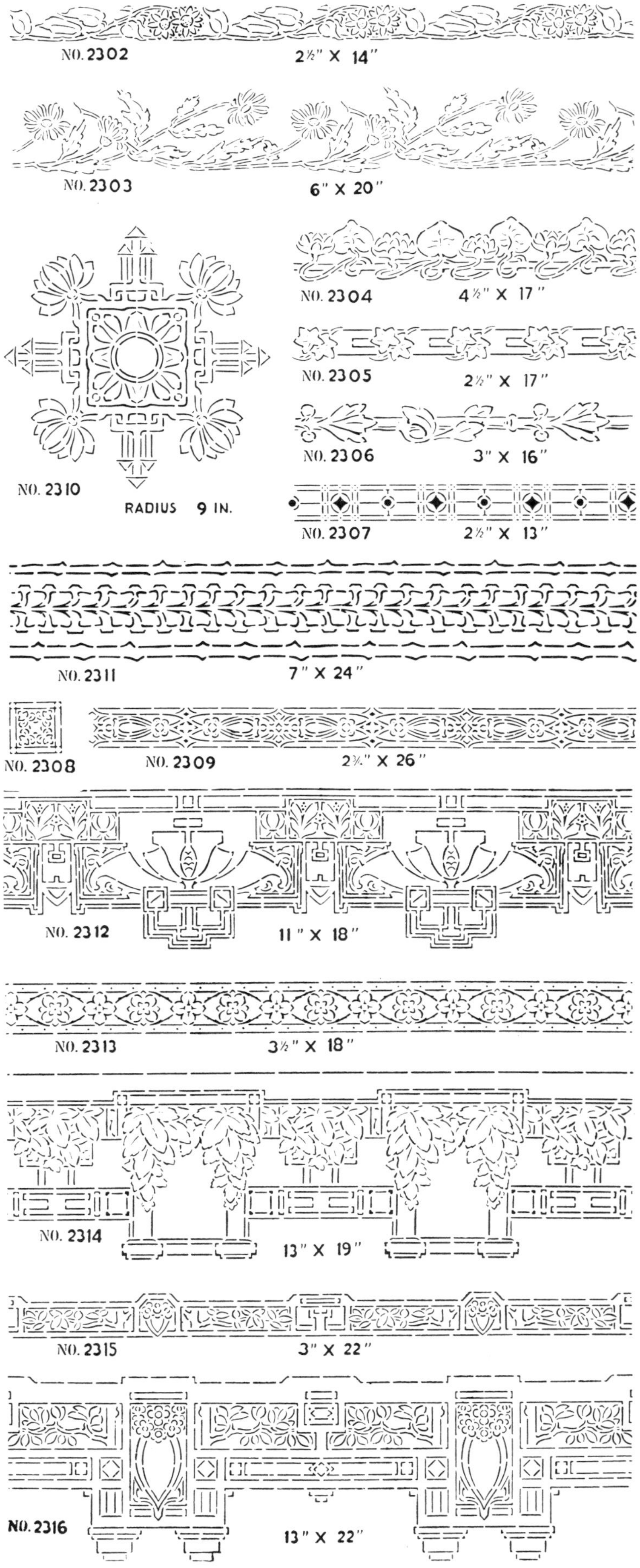

NO. 2302 2½" X 14"

NO. 2303 6" X 20"

NO. 2304 4½" X 17"

NO. 2305 2½" X 17"

NO. 2306 3" X 16"

NO. 2310 RADIUS 9 IN.

NO. 2307 2½" X 13"

NO. 2311 7" X 24"

NO. 2308

NO. 2309 2¼" X 26"

NO. 2312 11" X 18"

NO. 2313 3½" X 18"

NO. 2314 13" X 19"

NO. 2315 3" X 22"

NO. 2316 13" X 22"

All prices are Net. F. O. B. Chicago.

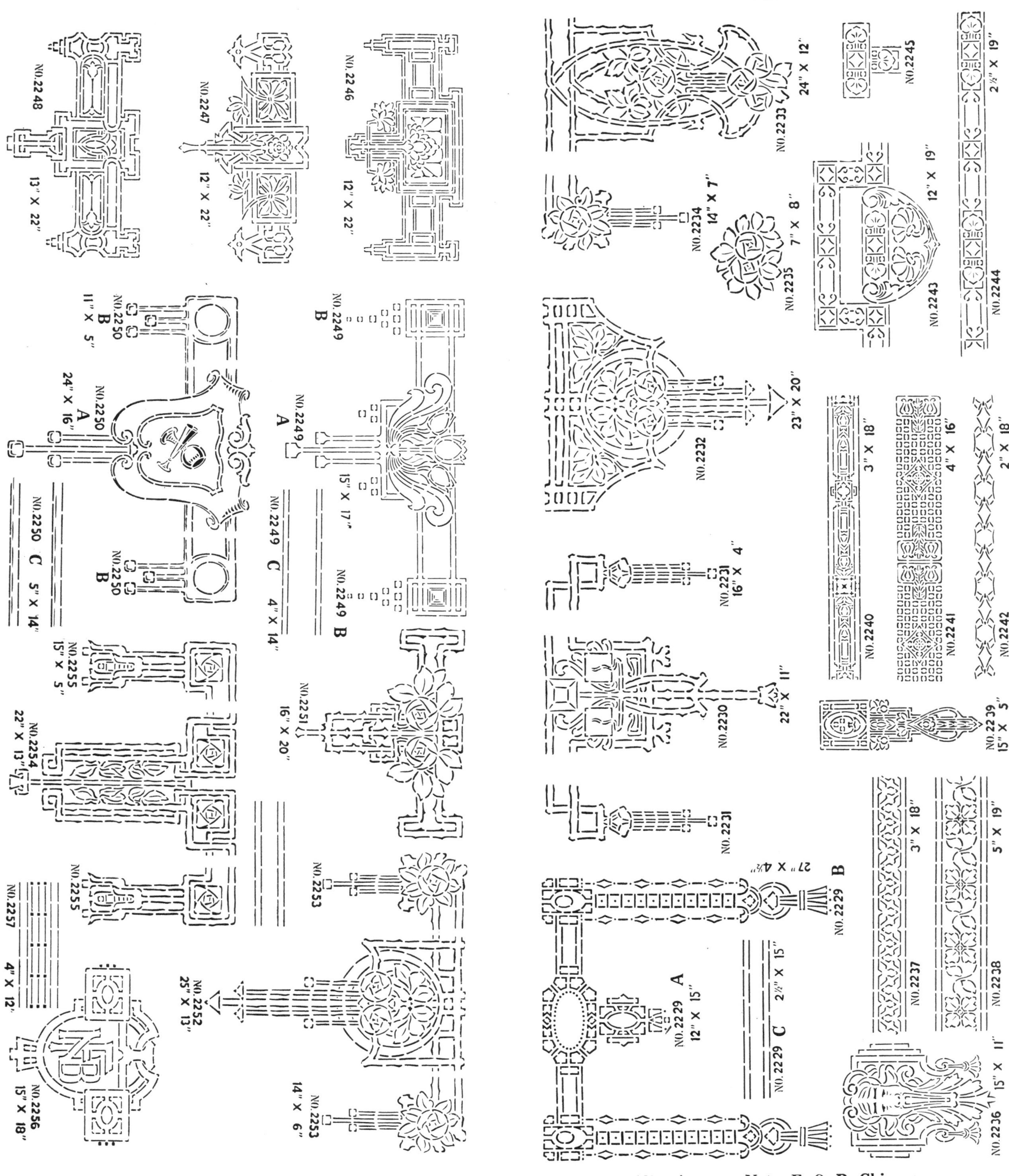

All prices are Net. F. O. B. Chicago.

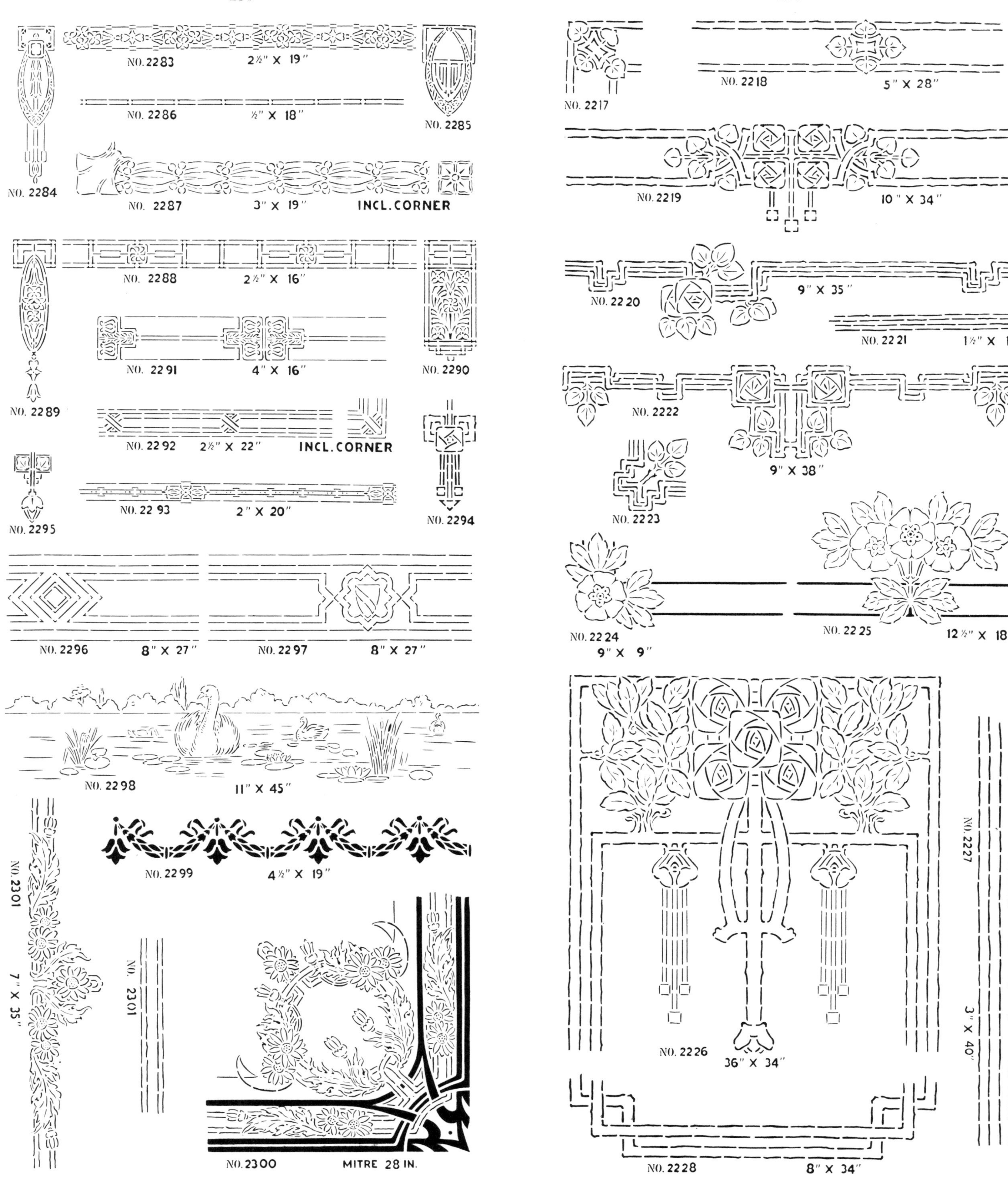

All prices are Net. F. O. B. Chicago.

NO. 2664 17" X 43"

NO. 2666 2¾" X 16"

NO. 2667 3½" X 16"

NO. 2665 C 12" X 14"

NO. 2668 4½" X "

NO. 2670 3" X 3"

NO. 2669 13" X 6"

NO. 2671 4" X 4"

NO. 2665 B 7½" X 26"

NO. 2665 A MITRE 31 IN.

NO. 2672 18" X 30"

NO. 2674 13" X 36"

NO. 2673 15" X 30"

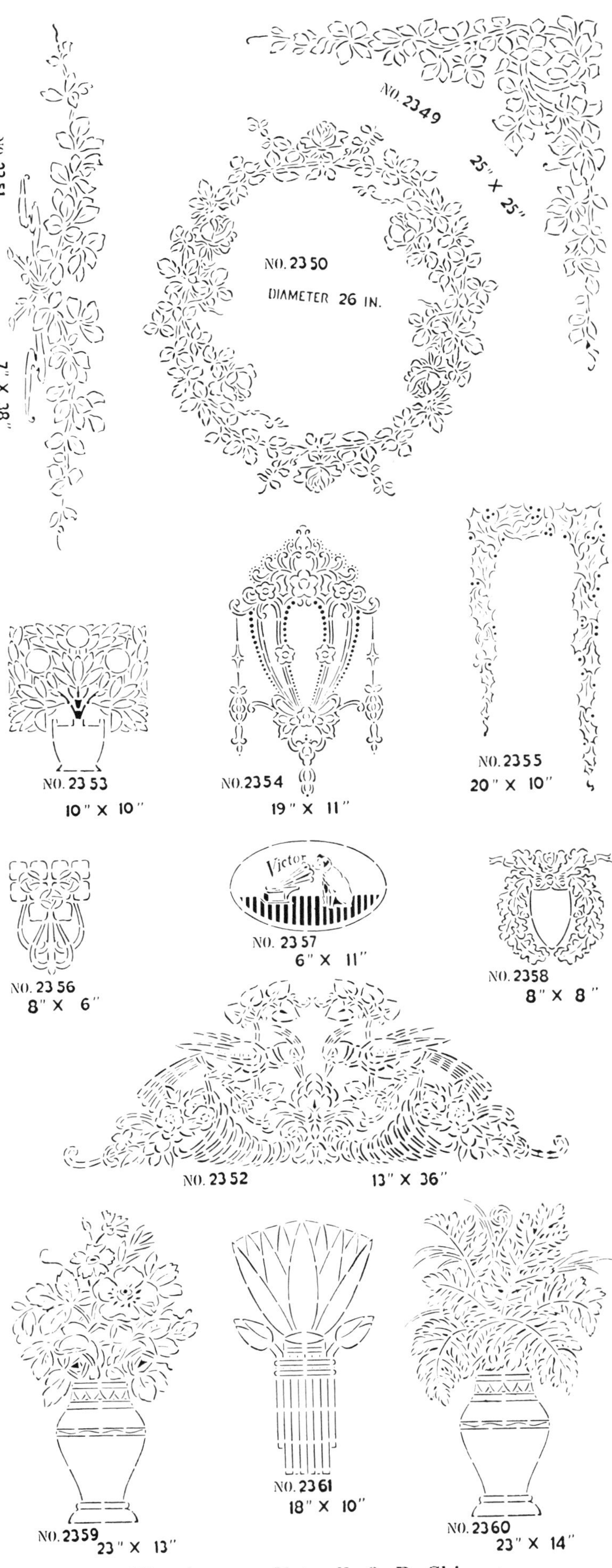

All prices are Net. F. O. B. Chicago.

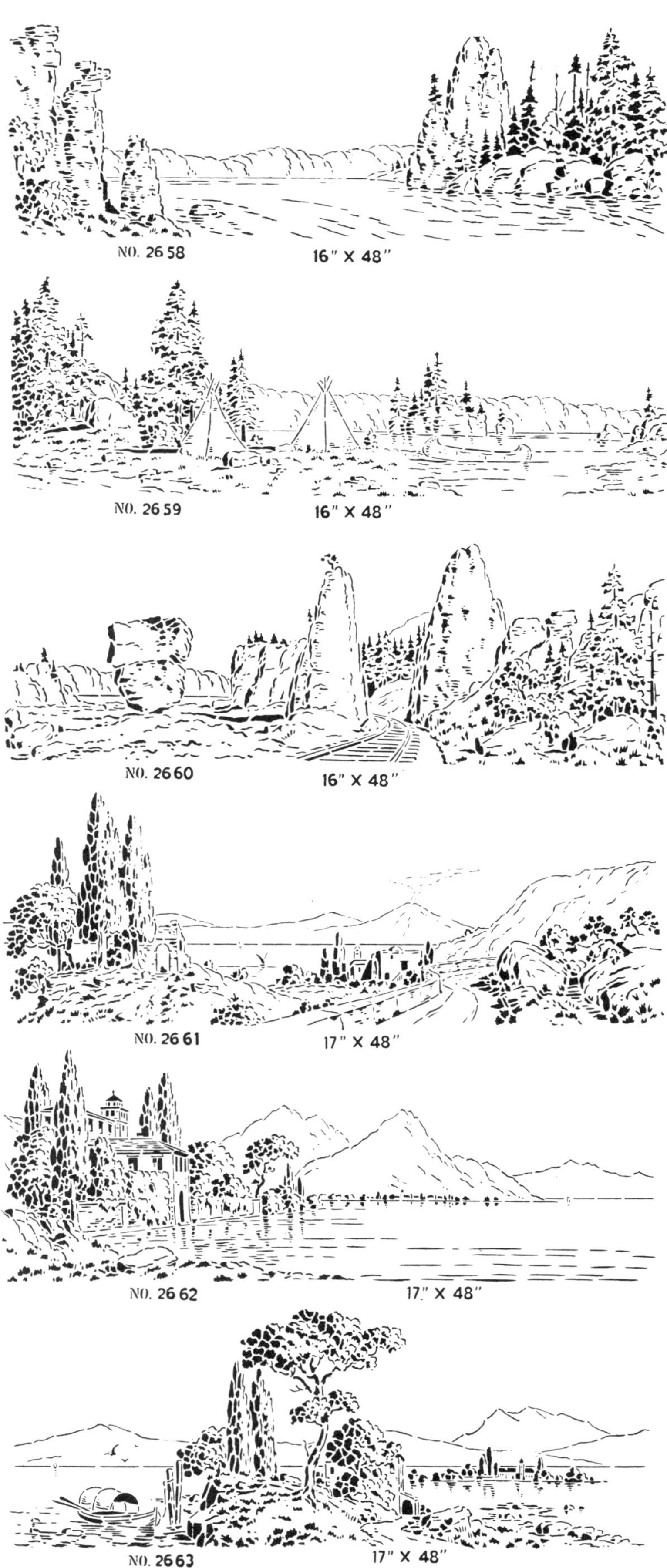

NO. 2658 16" X 48"

NO. 2659 16" X 48"

NO. 2660 16" X 48"

NO. 2661 17" X 48"

NO. 2662 17" X 48"

NO. 2663 17" X 48"

THE PRICES ARE NET

NO DISCOUNT.

F. O. B. CHICAGO

No.	Price	Page
2174	$2.00	219
2175	.50	219
2176	.75	219
2177	.50	219
2178	1.00	219
2179	.75	219
2180	1.00	219
2181	.50	219
2182	.50	219
2183	2.50	219
2184	2.00	219
2185	3.50	219
2186	7.50	220
2187	1.75	220
2188	2.25	220
2189	1.50	220
2190	1.75	220
2191	2.50	217
2192	5.00	217
2193	1.50	217
2194	1.00	217
2195	.50	217
2196	.50	217
2197	1.50	217
2198	1.50	217
2199	2.50	221

No.	Price	Page
2200	$1.50	221
2201	1.50	221
2202	.50	221
2203	.75	221
2204	1.00	221
2205	.25	221
2206	.25	221
2207	.25	221
2208	.25	221
2209	.25	221
2210	.25	221
2211	.25	221
2212	.25	221
2213	.25	221
2214	.25	221
2215	.25	221
2216	.25	221
2217	.50	257
2218	.60	257
2219	1.20	257
2220	1.00	257
2221	.20	257
2222	1.60	257
2223	.50	257
2224	.50	257
2225	.80	257
2226	2.50	257
2227	.40	257
2228	.60	257
2229	2.00	255
2230	1.50	255
2231	.50	255
2232	1.75	255
2233	1.50	255
2234	.50	255
2235	.35	255
2236	1.00	255
2237	.50	255
2238	.75	255
2239	.75	255
2240	.75	255
2241	1.00	255
2242	.50	255
2243	1.40	255
2244	.60	255
2245	.40	255
2246	2.00	254
2247	2.00	254
2248	2.00	254
2249	2.00	254

No.	Price	Page
2250	$2.50	254
2251	1.50	254
2252	1.50	254
2253	.50	254
2254	1.50	254
2255	.50	254
2256	1.20	254
2257	.30	254
2258	2.00	227
2259	.75	227
2260	1.50	227
2261	2.50	227
2262	2.50	227
2263	3.00	227
2264	4.50	227
2265	1.75	246
2266	.75	246
2267	2.50	246
2268	2.00	246
2269	1.25	246
2270	1.25	246
2271	.35	246
2272	1.00	246
2273	1.75	246
2274	2.75	246
2275	2.75	247
2276	3.50	247
2277	2.75	247
2278	1.00	247
2279	1.00	247
2280	3.50	247
2281	1.00	247
2282	2.50	247
2283	.60	256
2284	.60	256
2285	.60	256
2286	.20	256
2287	1.25	256
2288	.60	256
2289	.60	256
2290	.60	256
2291	.60	256
2292	.75	256
2293	.50	256
2294	.30	256
2295	.25	256
2296	1.00	256
2297	1.00	256
2298	2.00	256
2299	.50	256

No.	Price	Page
2300	$2.00	256
2301	1.00	256
2302	.60	253
2303	1.00	253
2304	.65	253
2305	.50	253
2306	.50	253
2307	.50	253
2308	.25	253
2309	.75	253
2310	1.00	253
2311	1.00	253
2312	2.00	253
2313	.75	253
2314	2.50	253
2315	.75	253
2316	2.00	253
2317	.85	251
2318	.65	251
2319	.85	251
2320	1.25	251
2321	.40	251
2322	3.00	251
2323	1.25	252
2324	2.50	251
2325	4.00	251
2326	3.00	251
2327	.50	251
2328	.50	251
2329	1.50	252
2330	1.00	252
2331	.50	252
2332	.75	252
2333	.35	252
2334	.70	252
2335	.30	252
2336	.80	252
2337	.75	252
2338	2.00	252
2339	.60	252
2340	.20	252
2341	.50	252
2342	.30	252
2343	.50	252
2344	.75	252
2345	.75	252
2346	.50	252
2347	.75	252
2348	2.50	252
2349	1.50	259

No.	Price	Page
2350	$1.50	259
2351	1.00	259
2352	2.00	259
2353	.75	259
2354	1.00	259
2355	.75	259
2356	.50	259
2357	.65	259
2358	.65	259
2359	1.50	259
2360	1.50	259
2361	.75	259
2362	3.00	213
2363	2.00	213
2364	1.00	213
2365	2.00	213
2366	.50	213
2367	1.75	213
2368	1.75	213
2369	3.00	213
2370	1.00	213
2371	1.75	242
2372	.50	242
2373	.50	242
2374	.50	242
2375	.75	242
2376	1.00	242
2377	5.00	242
2378	4.00	211
2379	1.50	211
2380	.30	211
2381	1.00	211
2382	1.00	211
2383	.40	211
2384	.40	211
2385	.40	211
2386	.60	211
2387	.75	211
2388	2.50	211
2389	1.50	211
2390	1.50	211
2391	.85	224
2392	.50	224
2393	4.50	224
2394	.50	224
2395	1.00	224
2396	3.00	224
2397	1.00	224
2398	.25	224
2399	5.00	225

No.	Price	Page	No.	Price	Page
2400	$4.00	225	2450	$0.75	249
2401	.75	225	2451	.20	249
2402	.50	225	2452	.60	249
2403	4.00	225	2453	3.00	249
2404	3.00	222	2454	.75	249
2405	1.00	222	2455	1.50	249
2406	1.00	222	2456	2.00	230
2407	1.00	222	2457	1.50	230
2408	1.50	222	2458	3.25	230
2409	.75	222	2459	1.50	230
2410	.75	222	2460	2.00	230
2411	1.20	223	2461	.40	230
2412	1.50	222	2462	.40	230
2413	.50	222	2463	1.25	230
2414	.75	223	2464	2.50	230
2415	.40	223	2465	2.50	230
2416	.75	223	2466	7.50	228
2417	2.50	223	2467	1.50	228
2418	2.75	223	2468	4.00	229
2419	1.00	223	2469	1.75	229
2420	2.50	223	2470	.50	228
2421	4.50	216	2471	.75	228
2422	4.50	216	2472	.40	228
2423	.75	216	2473	1.00	228
2424	1.50	216	2474	.75	228
2425	6.00	218	2475	1.00	229
2426	1.00	218	2476	1.00	229
2427	.75	218	2477	1.50	229
2428	1.00	218	2478	.50	240
2429	2.00	218	2479	1.50	240
2430	3.00	226	2480	1.25	240
2431	3.00	226	2481	.40	240
2432	1.00	226	2482	.25	240
2233	1.00	226	2483	.40	240
2434	.75	226	2484	.40	240
2435	1.50	226	2485	.40	240
2436	10.00	248	2486	.85	240
2437	2.00	248	2487	.75	240
2438	.30	248	2488	.80	240
2439	2.00	248	2489	1.00	240
2440	.50	248	2490	.85	240
2441	1.20	248	2491	.85	240
2442	3.00	249	2492	.20	240
2443	3.00	249	2493	.30	240
2444	.75	249	2494	1.00	240
2445	.80	249	2495	.75	241
2446	.30	249	2496	.50	241
2447	.30	249	2497	.60	241
2448	.40	249	2498	.50	241
2449	1.00	249	2499	.50	241

No.	Price	Page	No.	Price	Page
2500	$0.40	241	2550	$10.00	250
2501	.20	241	2551	1.00	250
2502	.50	241	2552	2.50	250
2503	.30	241	2553	1.75	250
2504	.10	241	2554	.75	250
2505	.30	241	2555	3.00	244
2506	.35	241	2556	5.00	244
2507	.35	241	2557	5.00	244
2508	.25	241	2558	2.50	243
2509	.25	241	2559	4.00	243
2510	.60	241	2560	1.00	243
2511	.50	241	2561	4.00	243
2512	.40	241	2562	2.00	245
2513	.40	241	2563	5.00	245
2514	.40	241	2564	3.00	245
2515	.60	241	2565	2.00	245
2516	.45	241	2566	1.00	232
2517	.75	241	2567	3.00	232
2518	.50	241	2568	.65	232
2519	.50	241	2569	.75	232
2520	.70	238	2570	1.00	232
2521	.50	238	2571	.75	232
2522	1.00	238	2572	2.50	232
2523	.75	238	2573	3.00	237
2524	.50	238	2574	2.00	237
2525	1.00	238	2575	.50	237
2526	.35	238	2576	.50	237
2527	.75	238	2577	.40	237
2528	.75	238	2578	3.00	237
2529	1.25	238	2579	.50	237
2530	.25	238	2580	1.25	237
2531	.75	238	2581	.50	235
2532	1.60	238	2582	1.50	235
2533	.50	238	2583	2.00	235
2534	1.00	238	2584	2.00	235
2535	.50	238	2585	2.75	235
2536	1.00	238	2586	1.50	233
2537	.50	238	2587	1.00	233
2538	1.00	238	2588	1.75	233
2539	2.00	238	2589	.75	233
2540	3.50	215	2590	1.00	233
2541	1.50	215	2591	1.00	233
2542	1.00	215	2592	1.00	233
2543	.75	215	2593	2.50	233
2544	.50	215	2594	2.00	233
2545	2.00	215	2595	2.00	233
2546	1.00	215	2596	3.50	234
2547	1.00	215	2597	4.00	234
2548	.60	215	2598	3.50	234
2549	2.50	215	2599	.75	234

No.	Price	Page
2600	$0.75	234
2601	1.20	239
2602	.50	239
2603	1.25	239
2604	.75	239
2605	.75	239
2606	.85	239
2607	.85	239
2608	1.00	239
2609	1.00	239
2610	1.50	236
2611	.50	236
2612	.85	236
2613	1.20	236
2614	1.20	236
2615	1.00	236
2616	1.00	236
2617	.25	236
2618	1.20	236
2619	.70	236
2620	2.50	214
2621	1.75	214
2622	1.75	214
2623	1.50	214
2624	1.50	214
2625	.60	214
2626	.40	214
2627	.30	214
2628	.40	214
2629	.20	214
2630	.50	214
2631	.60	214
2632	.60	214
2633	.75	231
2634	.75	231
2635	2.00	231
2636	2.00	231
2637	.75	231
2638	.75	231
2639	.60	231
2640	2.00	231
2641	1.00	212
2642	1.00	212
2643	1.00	212
2644	1.00	212
2645	1.00	212
2646	1.00	212
2647	.50	212
2648	.50	212
2649	1.00	212

No.	Price	Page
2650	$0.50	212
2651	1.75	212
2652	1.25	212
2653	1.50	212
2654	.30	212
2655	1.50	212
2656	.50	212
2657	1.50	212
2658	3.75	260
2659	3.75	260
2660	3.75	260
2661	3.75	260
2662	3.75	260
2663	3.75	260
2664	2.00	258
2665	4.00	258
2666	.55	258
2667	.60	258
2668	1.00	258
2669	.50	258
2670	.20	258
2671	.25	258
2672	2.00	258
2673	2.00	258
2674	2.00	258

The prices given in this catalog
== are NET! ==
F. O. B. Chicago